KB092505

MY JOB

나의 직업

ROKAF
005

어쩌면 당신의 시선

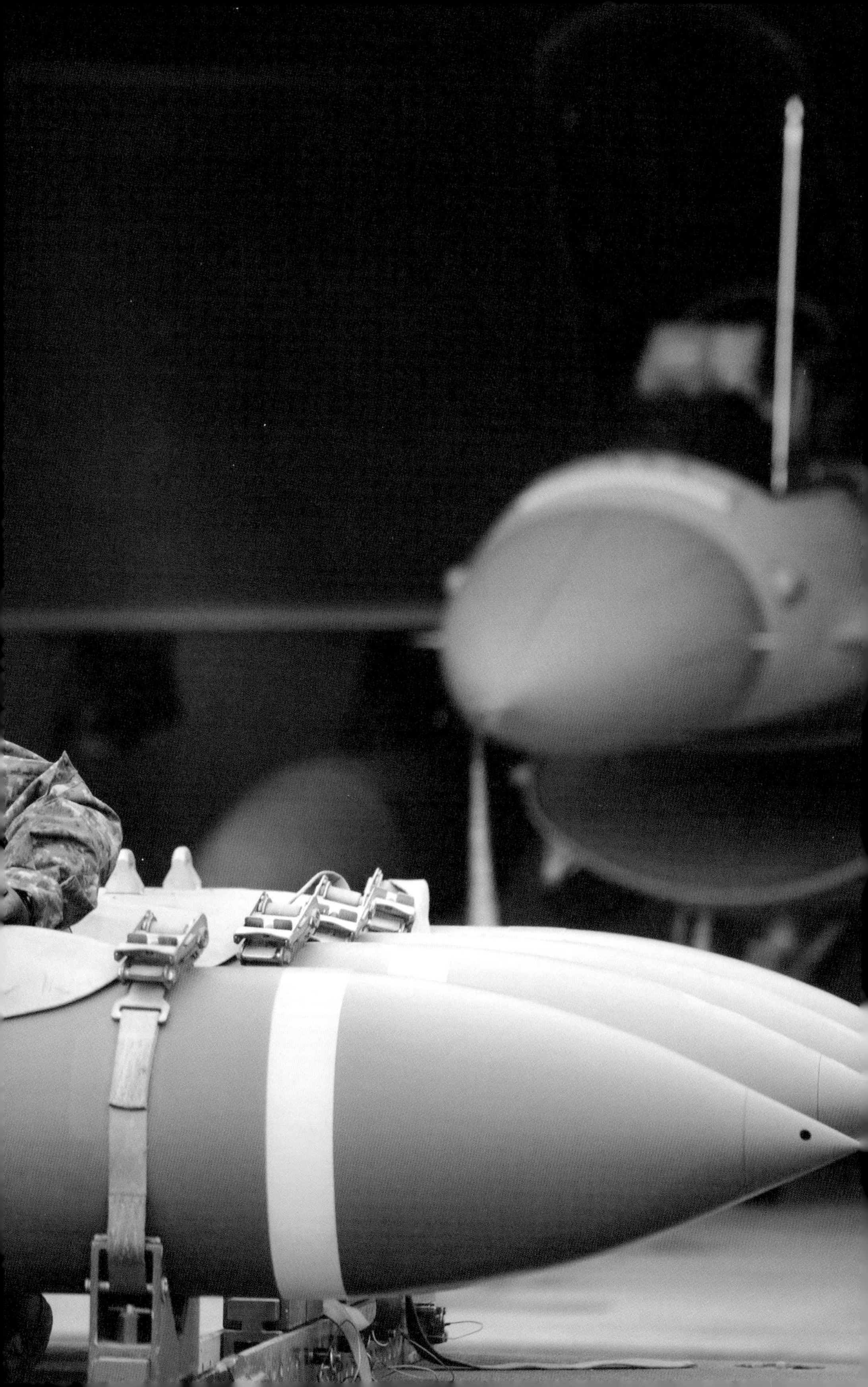

CONTENTS

Part One

History

01 공군은 어떤 군대일까? … 15

02 공군의 특징은 무엇일까? … 25

03 공군의 생활환경과 연봉 … 33

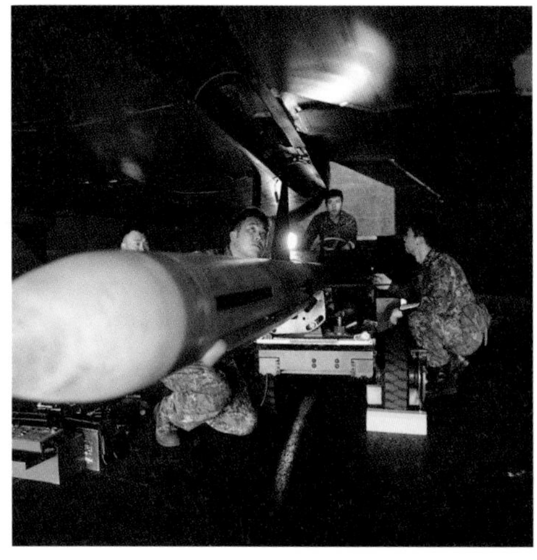

Part Two

Who & What

01 조종 분야 … 41

02 항공 정비 분야 … 51

03 항공 통제 및 관제 분야 … 59

04 방공 분야 … 67

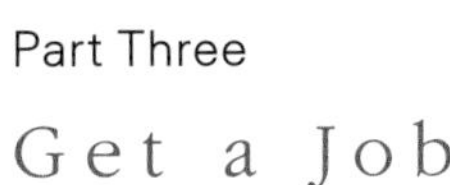

Part Three

Get a Job

01 고교 과정 - 공군항공과학고등학교 … 73

02 대학 과정 - 공군사관학교 … 91

03 대학 과정 - 기타 … 105

04 기타 과정 … 111

05 공군 병사 … 123

Part Four

Reference

01 전투기 종류 … 139

02 전투기의 역사 … 143

03 제트엔진 전투기의 시대 … 147

Part One

History

공군은 어떤 군대일까?

공군의 역사

우리가 잘 알고 있다시피 공군은 항공기를 이용하여 전투를 하는 군대를 말한다. 그러나 공군이 지금과 같은 규모와 체제를 갖추게 된 것은 얼마 되지 않았다. 공군의 주요 이용 시설인 항공기가 18~19세기에 일어난 산업 혁명 시기에나 발명되었기 때문이다.

산업 혁명은 영국에서부터 시작되었는데, 생활에 필요한 것을 집에서 직접 만들어 조금씩 판매하던 가내수공업 방식에서 기계를 이용해 공장에서 대량 생산해내는 방식으로의 변화로 산업 체계의 혁신을 불러 일으켰다. 이때 석탄을 이용해 열에너지를 만들어내는 기술이 더욱 발전함에 따라 증기 기관을 비롯하여 여러 동력 기관들이 함께 발명됐다. 요즘도 흔히 볼 수

있으며 가장 많이 쓰이는 엔진 기관도 이때 만들어진 것이다. 엔진 기관은 기계를 비롯하여 여러 분야에 쓰였으며 뒤이어 운송 수단 등에도 활용되기 시작했는데, 대표적인 것이 자동차의 발명이다.

자동차 등 육상 운송에서부터 선박 등 해상 운송에 이르기까지 엔진을 장착한 운송 수단들은 하루가 다르게 개량되고 발전했다. 더불어 인간은 그동안 미지의 영역이었던 창공으로 눈을 돌려 비행기를 만들어내기에 이른다.

자동차나 비행기를 비롯한 수송 수단들은 물건을 운송하는 기본적인 목적 외에, 사람을 태우고 효과적인 전투를 하는 전투 무기로 쓰이기 시작하면서 더욱 개량되고 발전했다. 때마침 1 · 2차 세계 대전이 터지면서 미국을 필두로 한 세계 각국은 경쟁하듯 새로운 무기 개발에 박차를 가했고, 탱크나 전투기 등 다양한 무기들을 만들어냈다.

항공 전투의 역사 또한 이 시기에 비행기와 전투기가 만들어짐에 따라 시작됐다. 그리고 전투기를 이용하여 전쟁에 참여하는 군대인 공군도 이 시기에 체계를 갖추게 됐다. 그러나 새로운 운송 수단들이 발명되어 일정한 규칙이나 규격을 갖추기까지는 수많은 시행착오가 있게 마련이다. 자동차도 지금과 같은 형태나 안전 규범이 체계화되기까지는 오랜 시도와 개발이 있어 왔다.

비행기도 마찬가지여서 초기에는 비행 기술이나 비행 전투에 대해 정보가 별로 없었다. 전문적인 조종사가 전투기를 몰아야 한다든가, 하늘에서 쓰는 무기는 지상에서 사용되는 무기와 달라야 한다는 인식도 부족했다. 때문에 초기 공군은 지금처럼

독립적인 조직이 아니라 육군이나 해군에 부속된 항공 부대에 불과했다.

전투에서 이용된 초기 비행기의 역할은 높은 곳에서 적의 부대를 정찰하는 것이었다. 기존에는 높은 산꼭대기나 망루에 올라가 적진의 움직임을 살펴보거나, 첩보병을 보내 사전 정찰을 하는 것이 전부였다. 때문에 하늘을 날아서 직접 적진의 상황을 둘러볼 수 있게 된 것은 매우 혁신적인 변화였다.

그러나 초창기의 비행기는 지금처럼 높이 날 수 없었다. 고층 건물 높이 정도로 지상과 가까이 붙어 비행했는데, 때문에 육군 보병들이 커다란 대포를 사용해 진영을 정찰하는 적군의 비행기를 격추시키곤 했다. 그리고 이것이 발전하여 체계화된 것이 지금의 대공포라고 볼 수 있다.

이후 사람들은 비행기로 적진 한가운데 침투할 수 있다면, 정찰뿐만 아니라 직접 공격도 가능하다는 생각을 하게 된다. 그리하여 육군 보병이 직접 포탄을 둘러메고 비행기에 탑승하여 적진에 포탄을 떨어뜨리는 방식으로 전투 방법이 바뀌었다. 여전히 비행할 수 있는 높이가 낮았기에 조종사들은 비행기를 몰며 지상에 권총이나 기관총 등을 쏘아 대기도 했다.

전쟁이 계속되자 사람들은 전투에서 승리하기 위해 더 강력하고 새로운 무기들을 개발해냈다. 항공 기술의 발달에 따라 전투기의 성능 또한 빠르게 향상되었다. 더 높이, 더 빨리 나는 기술들이 속속들이 개발되어 전투기에 적용됐으며, 폭탄을 직접 비행기에 장착해 적진에 투하할 수 있는 폭격기들이 만들어졌다.

비행 속도가 빨라지고, 전보다 더 높이 날 수 있게 되자 기존에 보병들이 사용하던 대공포만으로는 이러한 폭격기들을 격추시킬 수 없게 됐다. 그렇다고 폭격기의 공격에 순식간에 진지가 초토화되는 것을 손 놓고 바라볼 수도 없었다. 때문에 사람들은 지상에서 비행기를 격추시키기보다는 공중에서 직접 이 폭격기들을 격추할 생각을 하게 된다. 더불어 적의 공격을 방어하는 것뿐 아니라, 지상 전투처럼 하늘에서도 유리한 영역을 사전에 확보하는 것이 중요하다는 것을 깨닫는다. 그리하여 전투기들은 적진 정찰과 폭격뿐 아니라 본진을 공격하러 오는 적의 폭격기를 사전에 공격하는 공중 전투 기능까지 능력이 향상됐다.

이렇게 비행기의 기능이 점차 복잡해지고 발전함에 따라 사람들은 이러한 항공 전투를 전문적으로 담당할 수 있는 군대가 필요하다는 것을 깨달았다. 따라서 전문적인 조종사들을 키우고, 이러한 역할을 담당하는 군대를 별도 편성하기에 이른다. 이로써 육군이나 해군에 부속된 항공 대대였던 공군은 점차 독립적인 군대로 인정받기 시작했다.

※ 전투기의 역사에 대해서는 4장에서 다루고 있으니 관심이 있다면 참고하자.

052
001

대한민국 공군의 역사

대한민국 공군은 영어로 'Republic of Korea Air Force'라고 하며 줄여서 'ROKAF'라고 한다. 현재 약 65,000여 명의 병력과 전술기 410대, 정찰 · 감시통제기 70대, 공중기동기 50대, 훈련기 180대, 헬기 40대를 보유하고 있다.

대한민국 공군의 시작은 1949년경이지만, 이전부터 독립적인 공군 조직을 만들려는 시도들이 있어 왔다. 일제 강점기에 도산 안창호 선생은 지상 전투뿐 아니라 항공 전투 역시 중요하다는 사실을 깨닫고, 항공기를 구입하여 독립군에 보급하려는 시도를 했다. 또한 한인 비행사를 키우기 위해 미국 캘리포니아 주에 한인 비행학교를 세웠으며, 당시 중국이나 소련 등에 있던 비행학교에 독립투사들을 보내 비행 기술 교육을 받게 하기도 했다.

이와 같은 노력 끝에 수많은 한인 비행사들이 양성될 수 있었는데, 이들은 중국 공군으로 들어가 기술을 배우며 항일 운동을 도왔다. 이후 임시정부가 설립된 후에는 '한국광복군 비행대'를 창설하는 등 우리나라만의 독립적인 공군 조직을 만들기 위해 많은 노력을 했다.

1948년에 대한민국 정부가 수립되면서부터 공군은 본격적으로 발전했다. 해외에서 항공 기술을 배운 사람들이 대거 돌아옴에 따라 다양한 항공 단체들이 만들어지기 시작했다. 또한 미국으로부터 비행기 10대를 양도받은 것을 계기로 대한민국 육군에도 항공대가 만들어질 수 있었다. 이후 1949년에는 대통령령에 의거하여 대한민국 공군이 탄생하게 됐다.

초기 공군은 규모나 시설 등이 열악한 상황이었다. 한국전쟁이 막 발발했을 당시 공군은 보유한 병력이나 항공기 숫자가 매우 적었다. 기록에 따르면 병력은 1,800여 명, 항공기는 20대에 불과했다.

그러나 민족의 아픈 역사인 한국전쟁을 겪으면서 대한민국 공군은 한층 성장할 수 있었다. 미국에서 전투기를 연이어

▲ 독립군 공군의 최초 항공기(JN-4D형)를 복원한 모형.

지원받았고, 내부적으로는 우수한 인력을 계속 양성했으며, 비행대대의 숫자도 점차 늘려가는 등 지속적인 발전이 있었다.

기존 공군 비행단은 제1전투비행단으로 개편됐으며, 우리 공군은 미군과 더불어 평양 대폭격 작전에 참여하기도 했다. 공군 본부는 서울 대방동으로 이전했고, 공군대학과 교재창 및 11전투비행단을 창설하는 등 전력이 확충됐다. 이 무렵 진해에 있던 공군사관학교도 서울로 이전했다.

이후에는 독자적인 작전사령부가 창설됐고, 내부 장비들도 계속 증강하는 등 공군은 더욱 발전해 나갔다. 베트남전쟁 당시 한국 공군은 한국과 베트남을 오가며 각종 공수 업무를 지원하는 등 큰 위상을 떨쳤다.

베트남전쟁이 끝난 뒤에는 국가와 국민의 안전을 지키기 위해 전력을 더욱 보강했다. F-4E, F-5E/F 등의 전술기와 C-123 수송기 등을 도입하는 등 장비를 확충했으며, 공군 교육을 위한 훈련기 등도 추가 확보함으로써 훈련 비행 체계도 더욱 발전했다. 예천, 청주 기지와 함께 교육사령부와 제2 사관학교 등도 이때 만들어졌다.

80년대에는 소련이 해체되는 등 한반도를 둘러싼 주위

국가들의 정세가 바뀌던 시기였다. 이 변화에 대처하고자 새로운 전투기와 수송기를 추가로 도입했다. 더불어 방공 관제 체제를 자동화하고 한국 전투작전정보센터를 설치하여 보다 효율적인 체제로 발전했다. 공군본부와 공군사관학교, 공군교육사령부, 공군대학 등도 청주와 진주, 계룡대 등 새로운 부지로 이전했다.

그 밖에 걸프전이 벌어졌을 때는 각종 작전을 수행하며 위상을 떨쳤으며, 방공포사령부를 창설하고 기초적인 전력을 더욱 확충했다. 이때부터 공군에서도 여성 사관생도를 받아들이기 시작했으며, 보다 폭넓은 인재 양성을 위해 노력했다. 이후로는 항공뿐 아니라 우주까지 영역을 넓혔으며, 국제 평화를 유지하도록 노력하는 등 다양한 분야로 영역을 확장하고 있다. 이렇게 대한민국 공군은 우리가 안전하게 살아갈 수 있도록 우리의 하늘을 지켜주는 든든한 날개라고 할 수 있다.

공군의 상징, 빨간 마후라

마후라는 머플러(muffler)의 일본식 발음으로, 붉은색 머플러를 말하는 '빨간 마후라'는 한국 공군의 상징이다. 이는 한국전쟁 당시 제10 전투비행단 소속이었던 김영환 준장이 붉은 머플러를 찼던 것에서 비롯되었다. 이후로는 조종사들이 비행 교육 훈련을 마치고 첫 비행에 성공하면 훈련을 마친 조종사에게 담당 교관이 이 붉은 머플러를 직접 목에 매어주거나, 공군 참모총장이 훈련 수료식에서 조종사들에게 매어주는 전통이 이어져 오고 있다.

붉은색은 불꽃처럼 강인한 열정과 투지로 전투에 임하는 조종사의 마음가짐 등 다양한 의미를 담고 있다. 그 밖에 비행사가 조난을 당했을 때 빨간색 머플러가 눈에 띄기 때문에 이를 이용해 구조 신호를 보낼 수 있다는 장점도 있다.

2004년도부터는 교육과정에 따라 머플러 색을 구분하기 시작했는데, 훈련 중인 조종사는 파란색, 중후반 과정에 들어선 조종사는 보라색, 교육과정을 모두 마치면 최종적으로 공군의 상징인 붉은 머플러를 매게 된다.

전쟁 시 공군이 하는 일

각 군대의 이름의 의미처럼 육군은 지상에서, 해군은 해상에서, 공군은 하늘에서 우리를 지켜주는 군대이다. 때문에 모든 공군은 우리나라 하늘을 안전하게 살피며, 전쟁이 일어났을 때는 모든 공중 전투에서 승리할 수 있도록 최선을 다해야 한다. 이런 이유로 공군의 일은 하늘에서 벌어지는 모든 일에 초점을 맞춰 구성되어 있다.

평상시 공군은 다른 군대와 마찬가지로 전쟁이 일어나지 않도록 적을 감시하며 억제하는 역할을 한다. 적군의 상태나 징후를 지속적으로 살피며 혹시 있을지 모를 적의 도발에 대비한다. 더불어 비상 상황에 완벽히 대처할 수 있도록 평소 훈련을 통해 준비 태세를 갖춰야 한다.

그러나 가장 좋은 상황은 전쟁이 일어나지 않는 것이다. 때문에 가급적이면 전투 없이 평화적인 상황을 유지할 수 있도록 노력한다. 더불어 자연재해가 닥쳤을 때 공중에서 필요한 물자 등을 날라 주거나, 항공과 관련된 일들을 지원하는 방식으로 국민들을 돕기도 한다.

피치 못할 사정으로 전쟁이 벌어졌을 때는 전쟁에서 우위를 확보할 수 있도록 최선을 다한다. 효율적인 공중 전투를 할 수 있도록 유리한 공중 영역을 확보해야 하며, 정확한 정보력을 바탕으로 적의 군사력이나 공격 방향 등을 예측할 수 있어야 한다. 만일의 공격에 대비해 때로는 공격 위험 요소를 사전에 제거할 필요도 있다.

또한 육군이나 해군과 연계하여 각종 연합작전을 펼치거나 필요에 따라 도움을 줄 수 있어야 하며, 전력에 지나친 손실이 없도록 주의해야 한다.

02 공군의 특징은 무엇일까?

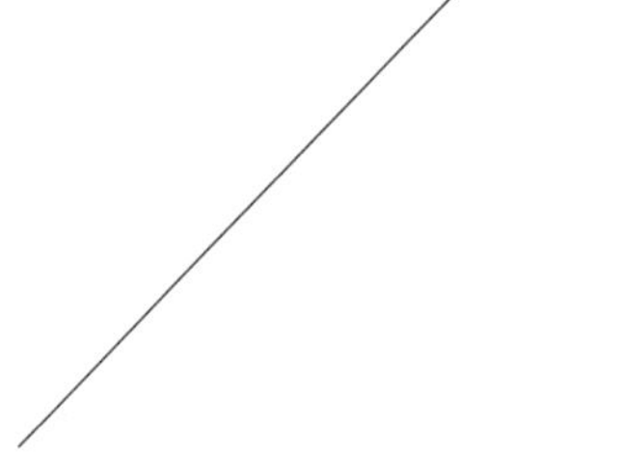

공군 부대의 특징

앞서 말했듯 육군은 지상에서, 해군은 해상에서, 공군은 공중에서 각기 영역을 나누어 우리 국토를 지킨다. 때문에 각 군대의 기지 형태나 업무들 또한 담당하는 영역을 중심으로 설계되어 있다.

육군의 경우는 지상에서 전투를 하기 때문에 땅 위를 걸어 다니는 보병이 중심이 되어 전투를 수행한다. 따라서 육군의 훈련은 지상에서 가장 원활하고 효율적인 전투를 할 수 있는 것에 초점을 맞춘다. 육군 기지들 또한 우리에게 가장 중요한 휴전선 인근과 지상 전투가 벌어졌을 때 유리한 전투를 할 수 있고 물자를 원활히 공급할 수 있는 곳에 주로 위치해 있다. 또한 적군의 습격으로 기지가 무너지더라도 언제든 다른 곳으로 옮겨 작전을 수행할 수 있도록 진지를 만들거나 무너뜨리는 훈련을 하기도 한다. 때문에 육군 기지들은 비교적 규모가 작고 여러 곳에 흩어져 있는 편이다.

반면 공군은 하늘에서 전투를 하기 때문에 항공기와 항공기를 정비하고 관리하는 비행단이 가장 중요하다. 때문에 각 대원들은 비행기가 있는 비행단을 위주로 편성되며, 임무 또한 비행기가 이상 없이 뜨고 내릴 수 있도록 하는 것에 초점을 맞춰 업무를 수행한다.

이러한 점들 때문에 공군 비행단은 여러 대의 비행기들이 모인 작은 공항처럼 되어 있고 대부분 규모가 큰 편이다. 여기에서 비행기가 뜨고 내리는 활주로 주위는 특히 엄격하게 관리된다. 위치는 전략 상황에 따라 다르지만 대개 안전하게 비행기를 띄우기 위해 휴전선과 아주 가깝지는 않은 편이다.

공군은 육군과 달리 진지가 습격을 받아 무너지면 큰 타격을 입는다. 때문에 비행기가 떠야 하는 활주로와 격납고 등을 최대한 안전하게 지키거나, 습격을 받아 부서진 곳을 빠르게 고쳐 원활하게 한 다음 작전을 수행하도록 하는 훈련들을 하게 된다. 때문에 기지를 안전하게 지키고, 유사시 기지를 방어하는 역할을 하는 헌병들이 상대적으로 많은 편이다.

※ 이러한 부대 내용들은 각 국가별로 보유한 무기의 수나 종류, 영공이나 기상 상황 등이 다르기 때문에 예하 부대들의 조직이 국가별로 다르다.

비행기와 관련된 모든 것은 공군 소속일까?

육군이나 해군 등 다른 군대에서도 헬리콥터나 수송기 등 비행기를 사용하는 경우도 있으며, 해상에서 전투기가 뜨고 내릴 수 있도록 하는 항공모함처럼 복합적인 체제를 갖춰야 하는 곳도 있다. 때문에 모든 비행기가 공군의 지휘 아래 움직이는 것은 아니다.

특히 공중에서 빠르고 민첩하게 수송할 수 있는 헬리콥터는 이것을 따로 조종할 수 있는 조종사들이 각 부대별로 있다. 그러나 특수한 비행기나 상대적으로 정교하고 복합적인 비행기를 조종해야 하는 경우에는 대부분 조종 업무를 담당할 대원을 공군으로 파견하여 교육을 받게 하기도 한다.

그러나 이 또한 각 국가별로 보유한 무기나 업무의 중요도에 따라 주 통제권이 다른 경우가 많다. 미국의 경우, 해군의 영향력이 큰 나라이며 보유한 항공모함들도 타 국가에 비해 크고 많은 편이다. 항공모함에 실리는 전투기들도 매우 성능이 좋으며 보유 대수 또한 상당하다. 때문에 해군에서 직접 조종사를 양성하고, 항공과 관련된 인원을 별도로 편성하는 등 해군에서 직접 통솔하는 경우도 있다.

비행기와 관련된 업무 말고도 공군은 늘 하늘을 주시하여 적군의 위협이 있는지 살피며 우리 영공을 안전하게 지켜야 할 임무가 있다. 이런 임무를 보통 '방공'이라고 하는데, 허가되지 않은 적의 비행기나 미사일 등 위험이 될 만한 것들이 우리 영공을 침입하지 않도록 경계하며 위협이 있을 경우 적절하게 대응하는 임무를 한다.

방공 임무를 맡으면 높은 곳에서 육안이나 레이더를 이용하여 적을 관찰하며, 때에 따라 적의 비행체를 격추시키는 대포를 잘 유지 · 보수하게 된다. 때문에 이런 방공 임무의 경우 육군과 공군이 임무를 나누어 맡거나, 개별적으로 방공 대대를 운영하기도 한다.

육군과 공군의 차이점 더 알아보기

■ 공군의 복무 기간과 휴가는 어떻게 다를까?

군대 지원자들이 가장 궁금해 하는 것은 아마도 복무 기간과 휴가 일수일 것이다. 각 군대마다 차이가 있는데, 2021년을 기준으로 육군은 18개월, 공군은 21개월, 해군은 20개월, 해병대는 18개월의 복무 기간을 갖는다. 이때 공군은 타 부대에 비해 복무 기간이 긴 편이기에 상대적으로 휴가를 많이 받는다.

정확한 복무 일수와 휴가 일수에 대해서는 정책에 따라 내용이 달라질 수 있기에 관심이 있는 이들은 국방부 홈페이지에서 자세한 정보를 알아보는 것이 도움이 될 것이다.

■ 육군의 애인은 소총! 공군의 애인은?

육군의 경우 지상에서 전투를 하는 군대이다 보니 각 대원에게 지급되는 소총이 중요할 수밖에 없다. 오죽하면 총을 제2의 애인으로 삼고 소중하게 다뤄야 한다는 말이 있을 정도이니 말이다. 때문에 각 대원들은 지급된 총을 구별하는 총기 번호를 꼭 외워야 하며, 총을 해체해서 깨끗이 닦고 조립하는 과정까지 모두 익혀야 한다. 더불어 총을 소홀히 다루거나 함부로 두고 오는 등의 행위는 용서되지 않는다.

반면 공군은 하늘에서 쓰는 무기들이 가장 중요하다. 때문에 이러한 무기들을 관리하는 곳에 따라 별도의 출입증이 부여된다. 특히 비행장에서도 비행기와 직접적으로 연관된 활주로 등의 중요 구역에 들어갈 때는 헌병에게 꼭 출입증 검사를 받아야 한다. 때문에 이런 곳에 드나들 수 있도록 허용되는 출입증이 매우 중요하다. 따라서 활주로나 비행기가 뜨고 내리는 곳에 들어가는 부대원들은 이 출입증을 항상 소지해야 하며, 잃어버리지 않도록 주의해야 한다.

■ 공군과 귀마개

공항 인근에 사는 사람들은 실제 공항과 집의 거리가 꽤 떨어져 있음에도 불구하고, 여객기 한 대가 뜨고 내릴 때마다 엄청난 소음이 일어남을 알고 있을 것이다. 이 때문에 공항 근처에 있는 집이나 학교 등에서는 소음을 흡수하는 벽을 세우는 등 소음을 줄이고자 많은 노력을 하지만 소음을 막기가 쉽지 않다. 그렇다면 하루에도 전투기 수십 대가 오르내리는 공군 비행단들은 어떨까?

전투기가 뜰 때마다 주위 사람의 목소리는 물론, 걸려오는 전화벨 소리도 듣지 못할 정도로 강한 소음에 노출되기 때문에 공군 병사들은 청력 손상을 방지하고자 별도로 귀마개나 헤드폰 등을 착용하곤 한다. 특히 소음에 많이 노출되는 활주로 인근에서 일하는 병사나 정비사 등은 이러한 귀마개 착용이 필수다.

대한민국 공군 블랙이글스

TV나 각종 매체를 통해 한번쯤은 '공군 에어쇼'를 본 적이 있을 것이다. 거대한 비행기들이 자로 잰 듯 무리 지어 창공을 가로지르거나, 롤러코스터처럼 빙글빙글 돌며 다양한 묘기를 펼치는 것을 보고 있으면 자칫하면 떨어질 것만 같은 아슬아슬함에 저도 모르게 손에 땀을 쥐게 된다.

블랙이글스(Black Eagles)는 이러한 곡예비행을 전문적으로 하는 대한민국 공군의 특수 비행팀이다. 정확한 명칭은 '제53 특수비행전대'이며 초기 명칭은 블루세이버(Blue Sabre)였다.

블랙이글스가 조종하는 비행기는 에어쇼에서 곡예비행 등 특별한 비행을 하게 되므로 따로 도색을 하여 외형이 매우 화려하고 아름답다. 간혹 도색이 바뀌기도 하지만, 최근에는 날렵한 독수리를 본떠 검은색과 흰색으로 윗면을, 노란색으로 아랫면을 칠했다. 공군 에어쇼나 블랙이글스를 소개하는 방송 등을 보면 이 전투기의 모습을 금세 알아볼 수 있을 것이다.

에어쇼를 보면 여러 비행기들이 날렵하게 움직인 뒤 하늘에 다양한 색상의 하트나 태극 문양 등이 그려진 것을 볼 수 있었을 것이다. 이것은 비행기가 하늘을 가로지르며 비행할 때 기체 배출구로 특수한 성분의 가스를 배출하여 마치 물감을 풀어 놓은 것처럼 하늘에 가스들로 일정한 모양을 만들 수 있게 한 것이다.

에어쇼의 특성상 고도의 조종 기술이 필요하며 작은 실수로도 큰 사고가 발생할 수 있기 때문에 오랜 경험을 통해 능숙하게 비행기를 조종할 수 있는 숙련된 이들만이 블랙이글스에 들어갈 수 있다. 때문에 특정한 기간을 지정하여 일정하게 단원을 뽑지 않으며, 복무 중인 전투기 조종사들 중 임기가 얼마 남지 않은 원숙한 조종사들을 대상으로 단원을 모집한다. 게다가 여기에서도 다시 까다로운 조건이 추가된다. 총 비행시간이 800시간 이상이어야 하며, 비행 교육과정 성적이 상위 30% 이내여야 한다.

또한 공중에서 비행기 4대 이상을 지휘할 수 있는 편대장 자격이 있어야 한다. 이후 각 특수 비행단의 추천이 있어야 하는데, 이렇게 추천을 받은 이들을 대상으로 다시 엄격한 선발 과정을 통해 블랙이글스 단원을 뽑게 된다. 때문에 블랙이글스 단원이 된다는 것은 공군 조종사로서 그 실력과 기량의 출중함을 인정받는 것과 같다.

이렇게 뽑힌 블랙이글스 단원은 국내외를 누비며 각종 에어쇼 등 전투기를 이용한 다양한 곡예비행을 선보이게 된다. 매년 국군의 날이 되면 한강 인근에서 이들의 묘기를 볼 수 있으며, 각종 매체를 통해서도 지난 기록을 살펴볼 수 있으니 관심이 있다면 한번쯤 자료를 찾아보도록 하자.

공군의 생활환경과 연봉

앞서 말했듯 공군은 대부분 비행단을 위주로 부대가 이루어져 있기 때문에 규모가 크고 소속 인원도 많은 편이다. 대부분 기지 안에서 생활해야 하는 특성상 작은 사회 공동체처럼 운영되며, 각종 생활 편의 시설이 잘 갖춰져 있다.

공군 간부에게는 기본적으로 숙소가 제공된다. 결혼을 하지 않았을 경우는 10평 내외, 결혼을 했을 때는 평균 18평에서 32평 사이의 숙소가 제공된다. 또한 헬스클럽이나 수영장, 탁구장 등의 운동 시설부터 세탁소 등의 편의 시설까지 기지 안에 대부분 갖춰져 있다. 그 밖에도 BX(공군 매점) 외 다양한 매장들이 운영되며, 식당 또한 잘 갖춰진 편이다.

연봉은 공군 부사관이 평균 2,500만 원 정도이며, 복무 일수나

호봉에 따라 차등 책정된다. 공군 장교는 2,500만 원에서 3,000만 원 정도이며 마찬가지로 복무 일수나 호봉에 따라 달라진다. 그러나 이는 보편적인 기준에서 평균 수치를 추산한 것이며, 담당하고 있는 업무에 따라 급여가 달라진다. 예를 들면 전투기 조종사의 경우 월 500만 원에서 800만 원 정도를 받게 되며, 상황에 따라 추가 수당 등이 지급된다. 때문에 좀 더 자세한 내용을 알고 싶다면 희망하는 직종에 따라 추가로 자료를 찾아보는 것이 도움이 될 것이다.

일반 병사의 경우 국방부에서 지정하는 월 지급표에 따라 달라진다. 병사의 월급에 대한 정책은 매년 변경될 수 있기에 자세한 것은 국방부에서 제공하는 자료를 찾아보는 편이 좋다.

BX? PX?

군대도 사람들이 살아가는 공동체이기 때문에 부대 안에 있는 사람들이 살아가는 데 필요한 여러 가지 물품을 파는 작은 잡화점이 있다. 규모가 작거나 지형이 험난하여 이런 잡화점이 들어오기 어려운 곳은 트럭 등 자동차를 이용한 간이 잡화점이 정기적으로 드나들기도 한다.
이런 잡화점을 육군에서는 PX라고 부른다. 이는 Post Exchange를 줄인 말로, 육군 부대들은 주로 Post라는 호칭으로 구분되기 때문이다. 본문에서 설명했듯 전투 상황에 따라 유동적으로 진지를 옮길 수 있도록 작은 규모로 설계되어 있다.
반면 공군에서 이용하는 잡화점은 BX라고 부른다. BX는 Base Exchange의 약자로, 공군의 경우 비교적 부대의 규모가 크며 비행단 위주로 부대가 편성되기 때문에 육군과 같은 Post가 아니라 Base라는 호칭으로 구분되기 때문이다.

〈장교 계급별 급여〉

〈단위: 원〉

호봉	소장	준장	대령	중령	소령	대위	중위	소위	준위
1	5,581,700	5,265,600	4,274,800	3,757,600	3,095,700	2,518,100	1,953,600	1,785,300	2,328,500
2	5,719,700	5,402,400	4,418,600	3,901,300	3,236,000	2,650,400	2,064,600	1,890,600	2,439,300
3	5,857,700	5,539,200	4,562,400	4,045,000	3,376,300	2,782,700	2,175,600	1,995,900	2,550,100
4	5,995,700	5,676,000	4,706,200	4,188,700	3,516,600	2,915,000	2,286,600		2,660,900
5	6,133,700	5,812,800	4,850,000	4,332,400	3,656,900	3,047,300	2,397,600		12,771,700
6	6,271,700	5,949,600	4,993,800	4,476,100	3,797,200	3,179,600	2,508,600		2,882,500
7	6,409,700	6,086,400	5,137,600	4,619,800	3,937,500	3,311,900	2,619,600		2,993,300
8	6,547,700	6,223,200	5,281,400	4,763,500	4,077,800	3,444,200			3,104,100
9	6,685,700	6,360,000	5,425,200	4,907,200	4,218,100	3,576,500			3,214,900
10	6,823,700	6,496,800	5,569,000	5,050,900	4,358,400	3,708,800			3,325,700
11	6,961,700	6,633,600	5,712,800	5,194,600	4,498,700	3,841,100			3,436,500
12	7,099,700	6,770,400	5,856,600	5,338,300	4,639,000	3,973,400			3,547,300
13	7,237,700	6,907,200	6,000,400	5,482,000	4,779,300				3,658,100
14			6,144,200	5,625,700	4,919,600				3,768,900
15			6,288,000	5,769,400					3,879,700
16									3,990,500
17									4,101,300
18									4,212,100
19									4,322,900
20									4,433,700
⋮									
26									5,098,500
27									5,209,300

준위계급의 급여는 21~25호봉까지 생략함. [2023년 기준]

〈부사관 계급별 급여〉

〈단위: 원〉

호봉	원사	상사	중사	하사
1	3,265,400	2,258,500	1,821,500	1,770,800
2	3,369,700	2,358,700	1,915,200	1,791,400
3	3,474,000	2,458,900	2,008,900	1,812,000
4	3,578,300	2,559,100	2,102,600	1,832,600
5	3,682,600	2,659,300	2,196,300	1,853,200
6	3,786,900	2,759,500	2,290,000	1,882,900
7	3,891,200	2,859,700	2,383,700	1,912,600
8	3,995,500	2,959,900	2,477,400	1,942,300
9	4,099,800	3,060,100	2,571,100	1,972,000
10	4,204,100	3,160,300	2,664,800	2,001,700
11	4,308,400	3,260,500	2,758,500	
12	4,412,700	3,360,700	2,852,200	
13	4,517,000	3,460,900	2,945,900	
14	4,621,300	3,561,100	3,039,600	
15	4,725,600	3,661,300	3,133,300	
16		3,761,500	3,227,000	
17		3,861,700	3,320,700	
18		3,961,900	3,414,400	
19		4,062,100	3,508,100	
20			3,601,800	
21			3,695,500	
22			3,789,200	

[2023년 기준]

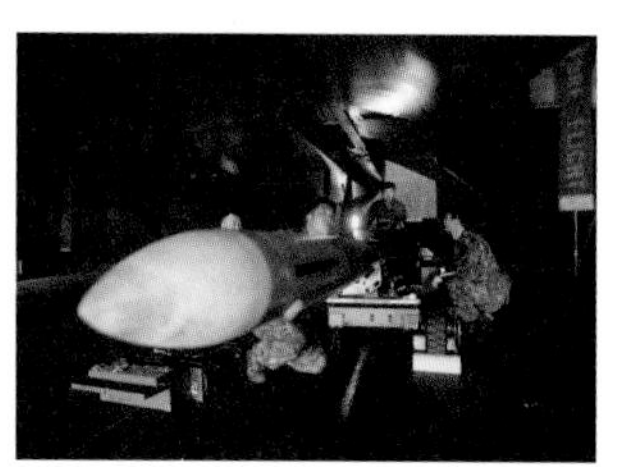

Part Two

Who & What

01 조종 분야

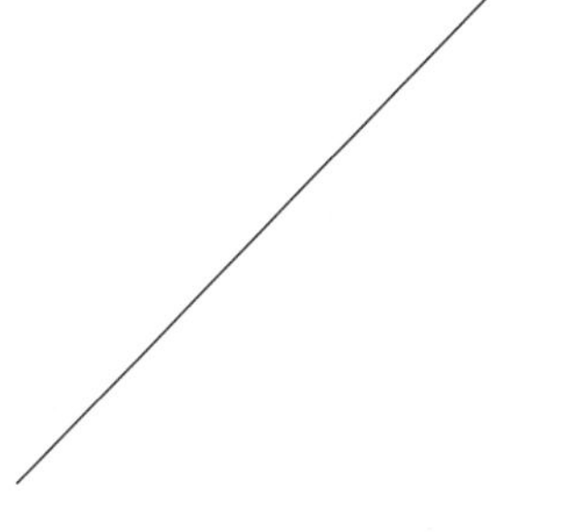

공군이라고 하면 가장 먼저 능숙한 솜씨로 전투기를 조종하는 조종사의 이미지가 떠오를 것이다. 또한 어렸을 적 한번쯤은 이런 전투기 조종사를 장래 희망으로 꿈꿔 보기도 했을 것이다. 그만큼 전투기 조종은 타 군대와 달리 공군만의 두드러진 특징이라고도 할 수 있다.

공군 조종사는 목적에 따라 다른 비행기를 몰게 된다. 먼저 가장 유명한 전투기 조종사는 전투가 벌어졌을 때 공중에서 전투기를 이용해 각종 작전들을 원활하게 수행하는 임무를 한다. 적진의 움직임을 정찰하기도 하고, 때에 따라 전투기로 지상에 있는 적의 부대를 공격하기도 한다. 또한 우리 영공으로 날아오는 적의 비행체를 사전에 격추시키는 임무도 한다. 그리고 이런

업무들을 효율적으로 수행하기 위해 정기적인 훈련을 함으로써 실력을 갈고 닦는다.

그러나 비행기는 전투 목적으로만 쓰이지는 않는다. 군에 필요한 물자나 사람을 원하는 곳에 빠르게 실어 나르기 위한 수송 목적으로도 사용된다. 때문에 전투기 외에도 헬기나 수송기 등을 조종하여 이와 같은 임무를 수행하기도 한다.

더불어 목표물을 보다 높은 곳에서 정확하게 찾기 위한 수색이나 탐색 작전 및 각종 특수 작전 등에 동원되기도 한다.

보통 공군 조종사들은 일반 항공기보다 높은 곳을 날게 된다. 비행 고도가 높아질수록 산소의 양은 줄어들며, 공기 압력의 차이로 인해 혈액 순환이 원활하지 못하거나 혈관들이 터지는 등의 여러 문제가 발생하기도 한다. 또한 자동차나 기차보다 몇 배나 빠른 속도로 하늘을 날아가야 하는데 여기에서 오는 엄청난 중력 가속도를 견뎌내야 한다는 문제도 있다. 이와 같은 상황 속에서 안전하게 비행기를 조종하며, 각종 정보를 듣고 상황을 파악하여 군사 작전을 수행하려면 특별하고 충분한 훈련 과정이 필요할 수밖에 없다.

때문에 공군 조종사는 정기적인 모집 등으로 일반 지원자를 뽑지 않는다. 공군 조종사는 대부분 '공군 장교'로서 비행기를 몰게 된다.

공군 조종사가 되려면 공군사관학교나 공군에서 지정하는 관련 교육시설에 들어가 기본적인 교육을 받아야 하며, 여기에서도 공군 조종사가 되기 위한 모집 과정에 지원해야 한다. 이 중에서도 성적이 우수한 이들만이 공군 조종사로 선발될 수 있으며, 선발된 이들은 다시 별도의 교육을 받게 된다. 자세한 내용은 다음 장 '공군이 되는 방법'에서 살펴보도록 하자.

요즘은 각종 과학기술의 발달로 기계가 자동으로 비행기를 조종하는 시스템 등이 계속 개발되고 있지만 그래도 사람이 직접 조종하는 것에 비해서는 아직 능률이 떨어지는 편이다.

조종사의 날

공군에서는 2008년부터 매년 7월 3일을 '조종사의 날'로 선정해 이를 기념하고 있다. 이날이 조종사의 날로 선정된 이유는 6·25전쟁이 벌어지던 1950년 7월 3일에 대한민국 최초로 F-51 무스탕이 출격했기 때문이다.
공군 이근석 대령과 조종사 10명은 미국으로부터 지원받은 F-51 무스탕 전투기를 일본에서 인수해온 뒤 하루 만에 적진으로 출격해 용맹한 전투를 벌였다고 한다. 이러한 선배들의 투혼과 역사적인 의의를 되새기고자 7월 3일을 공군 '조종사의 날'로 정하게 되었다.

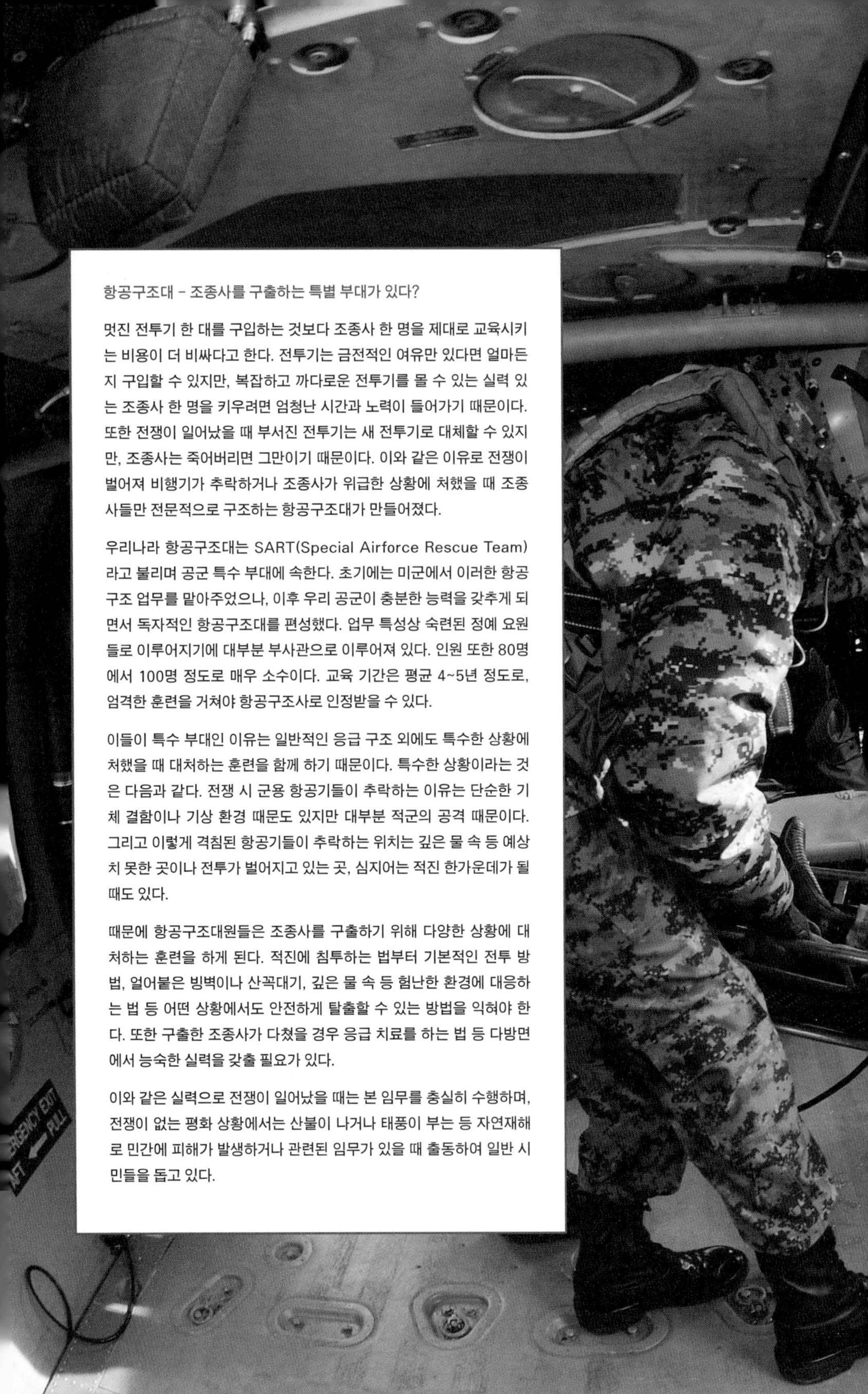

항공구조대 - 조종사를 구출하는 특별 부대가 있다?

멋진 전투기 한 대를 구입하는 것보다 조종사 한 명을 제대로 교육시키는 비용이 더 비싸다고 한다. 전투기는 금전적인 여유만 있다면 얼마든지 구입할 수 있지만, 복잡하고 까다로운 전투기를 몰 수 있는 실력 있는 조종사 한 명을 키우려면 엄청난 시간과 노력이 들어가기 때문이다. 또한 전쟁이 일어났을 때 부서진 전투기는 새 전투기로 대체할 수 있지만, 조종사는 죽어버리면 그만이기 때문이다. 이와 같은 이유로 전쟁이 벌어져 비행기가 추락하거나 조종사가 위급한 상황에 처했을 때 조종사들만 전문적으로 구조하는 항공구조대가 만들어졌다.

우리나라 항공구조대는 SART(Special Airforce Rescue Team)라고 불리며 공군 특수 부대에 속한다. 초기에는 미군에서 이러한 항공구조 업무를 맡아주었으나, 이후 우리 공군이 충분한 능력을 갖추게 되면서 독자적인 항공구조대를 편성했다. 업무 특성상 숙련된 정예 요원들로 이루어지기에 대부분 부사관으로 이루어져 있다. 인원 또한 80명에서 100명 정도로 매우 소수이다. 교육 기간은 평균 4~5년 정도로, 엄격한 훈련을 거쳐야 항공구조사로 인정받을 수 있다.

이들이 특수 부대인 이유는 일반적인 응급 구조 외에도 특수한 상황에 처했을 때 대처하는 훈련을 함께 하기 때문이다. 특수한 상황이라는 것은 다음과 같다. 전쟁 시 군용 항공기들이 추락하는 이유는 단순한 기체 결함이나 기상 환경 때문도 있지만 대부분 적군의 공격 때문이다. 그리고 이렇게 격침된 항공기들이 추락하는 위치는 깊은 물 속 등 예상치 못한 곳이나 전투가 벌어지고 있는 곳, 심지어는 적진 한가운데가 될 때도 있다.

때문에 항공구조대원들은 조종사를 구출하기 위해 다양한 상황에 대처하는 훈련을 하게 된다. 적진에 침투하는 법부터 기본적인 전투 방법, 얼어붙은 빙벽이나 산꼭대기, 깊은 물 속 등 험난한 환경에 대응하는 법 등 어떤 상황에서도 안전하게 탈출할 수 있는 방법을 익혀야 한다. 또한 구출한 조종사가 다쳤을 경우 응급 치료를 하는 법 등 다방면에서 능숙한 실력을 갖출 필요가 있다.

이와 같은 실력으로 전쟁이 일어났을 때는 본 임무를 충실히 수행하며, 전쟁이 없는 평화 상황에서는 산불이 나거나 태풍이 부는 등 자연재해로 민간에 피해가 발생하거나 관련된 임무가 있을 때 출동하여 일반 시민들을 돕고 있다.

공군 조종사가 받아야하는 교육들

비행 기술이 발전하고 다양한 비행 무기들이 개발됨에 따라 공군 전투기 또한 이전보다 더욱 조작이 복잡하고 어려워졌다. 더불어 이론적인 지식 외에도 실제 비행기를 몰아 본 경험이 매우 중요한데, 초보 비행사가 함부로 전투기를 운행하다간 자칫 큰 사고로 이어질 수 있기 때문이다. 따라서 공군 조종사가 되려면 오랜 시간 동안 단계적으로 교육을 받아야 하며, 충분한 시뮬레이션을 통해 비행 감각을 익혀야 한다.

공군 조종사가 되기 위해 단계별 교육을 받을 때는 각 단계에서 필수적으로 익혀야 하는 이론과 훈련 및 체력 단련을 비롯한 기타 교육 내용을 모두 이수해야 한다.

먼저 3개월 동안 이루어지는 비행 입문 교육과정을 통해 비행의 기본을 배운다. 입문 단계에 맞게 기본적인 비행 이론을 배우며 기초적인 비행 훈련을 하게 된다. 높은 고도를 비행할 때 비롯되는 기압 차에 대한 적응과 기본적인 지구력을 다질 수 있도록 기초 체력을 단련하는 훈련 또한 집중적으로 한다.

비행 훈련 때는 교관과 함께 훈련용 비행기를 사용하여 연습 비행을 한다. 비행의 기본인 이륙과 착륙, 훈련기 내부에 있는 기기 조작 방법 및 간단한 회전 등 기초적인 부분부터 차근차근 익히게 된다. 이후 훈련자가 어느 정도 비행에 익숙해져서 교관의 지도 없이 혼자 비행을 할 수 있을 정도가 되면 기본 과정에 들어갈 수 있다.

비행 교육 기본 과정은 총 8개월 동안 이루어진다. 이론적인 부분들도 보다 깊은 내용을 배우며, 비행기 조종 방법 또한 심화된다. 이전보다 더 높은 곳을 나는 법을 배우기도 하고, 날씨가 좋지 못해 사방을 분간하기 어려울 때 대처하는 법이나 다른 비행기와 나란히 비행하는 법 등 좀 더 복잡하고 어려운 내용을 익히게 된다.

이후에 이루어지는 고등 과정 역시 8개월이 걸린다. 이때부터는 본격적인 장비들을 사용하여 실전에 가까운 훈련을

▲ 대한민국 기술로 제작한 최초의 군용기 KT-1. 조종사 후보생들의 기초 조종술을 익히기 위해 훈련기로 사용된다.

받게 된다. 이를 대비하여 미리 지상에서 충분한 교육을 실시하는데 약 220여 시간에 달한다. 교육으로 정신을 단단히 무장하고 나면 실제 항공기와 똑같은 환경과 장비를 갖춘 시뮬레이터를 이용하여 가상으로 전투기를 몰아 보는 모의 탑승 훈련을 한다.

보다 빠른 속도로 높이 날 수 있는 방법, 여러 비행기들과 무리를 지어 전술을 수행하는 법, 앞이 보이지 않는 밤에도 비행기를 조종하는 법 등을 익히게 된다.

이와 같은 과정을 문제없이 마치면 빨간 머플러를 단 정식 공군 조종사가 될 수 있다. 앞에서 설명한 약 2년간의 비행 훈련 과정을 수료하면 공군 참모총장이 수여하는 비행 교육 수료증과 조종 흉장(Wing)을 받게 된다. 이는 일종의 전투기 조종 면허증과 같다.

더불어 일반 항공기 조종사의 경우 별도의 교육과정을 거친 뒤 자격증을 수료해야 항공기를 조종할 수 있다. 그러나 공군의 경우 2년간 이루어지는 비행 훈련은 그 자체가 국토해양부에서 정식으로 인가를 받은 교육과정이다. 때문에 이를 수료한 이들은 별도의 교육과정을 받지 않아도 일반 항공기 조종사 시험에 응시할 자격을 얻게 된다.

그러나 비행 훈련을 받은 조종사 지망생들이 모두 공군 조종사가 되는 것은 아니다. 조종사 교육과정은 매우 엄격하고 철저하기 때문에 각 단계별 훈련 과정에서 과제를 달성하지 못해 중도 탈락하기도 하며, 훈련 도중 본인의 적성이 아니라고 판단하여 방향을 전환하는 경우도 있다. 이에 따라 의무 복무 기간도 달라진다.

입문 과정에서 재분류되었을 경우 의무 복무 기간은 3년이며, 기본 과정 도중 재분류가 되었을 경우에는 3년 6개월, 고등 과정 중에 재분류된 경우에는 4년, 비행 훈련 과정을 모두 수료하여 비행 자격이 부여된 경우에는 평균 10년이다.

전역 후 전망

공군 조종사가 되면 보직이나 상황에 따라 복무 기간이 다르나, 평균 10년에서 13년 정도 의무 복무하게 된다. 복무를 마치면 블랙이글스 등 특수 항공기를 조종하는 임무를 하거나, 관련 자격증 취득 후 민간 항공사에서 일반 항공기 운행을 맡기도 한다. 혹은 후임 교육생들을 가르치는 교직을 맡거나 시험 감독관이 되는 등 업무를 전환하기도 한다.

탑건

공군 조종사 중 최고의 조종사에게 부여되는 호칭이다. 전투기 조종사가 되기까지도 많은 시간과 노력이 드는데, 그중에서도 가장 최고인 탑건(Top Gun)의 칭호를 받는다는 것은 조종사로서 매우 명예로운 훈장과도 같다.

그러나 최고의 전투기 조종사 칭호를 얻으려면 엄격하고 까다로운 조건을 통과해야 한다. 기존에는 공군에서 직접 사격대회를 개최하여 가장 많은 점수를 받은 조종사를 선정했으나, 이후로는 조종사의 비행 경력이나 훈련 내용, 지식수준이나 창의력 등 다양한 내용을 함께 반영하여 최고 성적을 거둔 조종사를 탑건으로 선발한다.

REMOVE BEFORE FLIGHT

02 항공 정비 분야

우리가 흔히 타고 다니는 자동차는 간단해 보이지만 매우 복잡한 구조로 이루어져 있다. 자동차를 움직이게 하는 엔진과 브레이크 등 기본적인 장치부터 방향 신호를 알리는 지시등, 에어컨 등의 환기 장치, 카 오디오와 같은 편의 기구 등 수많은 부품들이 복합적으로 연결되어 자동차를 이루고 있다. 때문에 자동차 한 대를 정비할 때도 외적인 부분은 물론이요, 내부 부품들을 항목에 따라 구분하여 살펴보거나 여러 인원이 역할을 나누어 정비하게 된다.

비행기는 자동차에 비해 크기도 클 뿐더러, 하늘을 나는 운송 수단인 만큼 그 안에 들어가는 부품들이 더욱 많고 정밀하다. 하물며 전쟁이라는 특수 임무를 맡아 수행하는 전투기 및 군용 항공기들은 말할 것도 없다. 때문에 항공기 한 대를 정비하는 데는 많은 인원이 필요할 뿐 아니라, 속한 부품과 목적에 따라 구역을 나누어 각기 전문적으로 맡은 부분을 정비하고 점검하게 된다.

항공기 정비

앞서 설명했듯 항공기는 그 크기도 매우 클 뿐더러, 그 안에 들어가는 부품들이 복잡하고 다양하다. 특히 항공기에 무기가 탑재된 폭격기나, 레이더나 기타 장비 등 군에서 쓰이는 목적에 따라 특별한 기능이 있는 기계들은 다루기가 까다로워 정비할 때 별도의 기술이 필요할 수밖에 없다. 때문에 항공기 정비라 할지라도 구역을 나누어 각기 담당하는 부분의 기능에 따라 별도로 정비하게 된다.

〈항공 무기 정비〉

군용 항공기들은 대부분 무기를 탑재한 폭격기가 많다. 탑재된 무기들은 한 발만으로도 어마어마한 피해를 일으킬 수 있을 만큼 위력적인 무기가 많다. 때문에 실수로라도 사고가 일어나지 않도록 안전에 최선을 다할 필요가 있다.

또한 이러한 무기들은 바람의 방향이나 비행기의 가속도 등 다양한 상황을 고려하여 정확하게 계산된 위치에 투하된다. 종류 또한 사용되는 목적에 따라 다양하게 나누어진다. 그래서 이와 관련된 업무와 장비들 또한 매우 정밀하고 복잡하게 구성되어 있을 수밖에 없다.

항공 무기 정비는 이와 같이 항공기에 탑재된 각종 무기 및 그와 관련된 장비들을 점검하는 임무를 하게 된다. 작동되는 기계들이 움직이는 원리를 충분히 이해하고, 장비들을 움직여 보며 고장 없이 잘 움직이고 있는지 수시로 점검한다. 혹여 이상이 있을 경우 알맞은 도구와 기술을 이용하여 장비를 수리한다.

▲ 항공기에 탑재된 무기를 점검하는 항공 무기 정비 업무.

〈항공기 정비〉

능숙한 솜씨로 비행기를 조종하는 조종사도 물론 중요하지만 조종사가 타고 내리는 비행기를 안전하게 정비하는 것 또한 매우 중요하다. 제대로 정비되지 않은 비행기를 몰면 뜻밖의 기계 결함으로 고장이 발생하여 자칫 추락하게 될 수도 있기 때문이다.

때문에 항공기 기체를 정비하는 일은 다른 임무와 더불어 매우 중요한 공군의 업무라고 할 수 있다. 이들은 항공기가 움직이는 원리 및 항공기를 이루는 각 기체 부품들의 작동 과정에 대해 충분히 익힌 뒤 각 항공기에 이상이 없는지 꼼꼼하게 점검하는 일을 한다. 고장이 있을 경우 필요한 도구를 사용하여 고장 난 부위를 수리하며, 때에 따라 부품을 분해하거나 세척 및 재조립하기도 한다.

또한 정비 업무 외에도 항공기에 들어가는 부품들을 직접 설계하거나 제작하는 일부터, 각 장비들을 알맞게 연결하는 특수 용접이나 부품이 녹슬지 않도록 방부 처리하는 관리 업무 등 다양한 일을 하게 된다. 자동차와 마찬가지로 항공기도 기체 겉면, 빼대, 엔진, 각종 연결 장치 및 팬이나 날개 등 각 부위에 따라 역할을 나누어 기체를 정비하고 점검하게 된다.

그러나 항공기에 들어가는 기계들은 매우 복잡할 뿐더러 기체 자체도 매우 크기 때문에 함부로 항공기를 해체하기 어려울 때가 있다. 때문에 이러한 부품들을 파괴하지 않도록 초음파나 방사선 등 특정한 장비와 기술을 이용하여 항공기 기체와 부품들을 검사하기도 한다.

〈항공 장비 정비〉

자동차에도 속력이나 기름의 양을 알려주는 계기판이 있듯이 항공기에도 각종 항법 장치들이 있다. 이를 통해 비행기가 현재 어디쯤에 있고, 얼마만큼 높고 빠르게 날고 있는지 등을 알 수 있으며, 적기나 방해물 등이 있는지 레이더로 감지하기도 한다. 또한 기본적인 지시를 내리는 관제탑과 교신을 하기도 하며, 내재된 녹화 장비로 비행 상황을 촬영하기도 한다.

항공기 장비 정비는 이러한 항공기 내부에 들어 있는 각종 장비들을 점검하는 임무를 말한다.

항공기에 들어 있는 각종 장비들은 각기 규모가 크고 내용이 복잡하기에 각 기기별로 통신 기기, 전자 기기 등 종류에 따라 업무가 세분화되는 편이다.

각자 담당하는 기기를 정기적으로 살펴 이상이 있는지 점검하고, 필요에 따라 관련 장비를 이용하여 기기를 수리하게 된다. 또한 장비를 움직이는 소프트웨어에 문제가 없는지 관리하거나 새로운 내용을 개발하는 등의 임무를 하기도 한다.

우리가 '몸'이라는 유기체에서 물건을 집어 올리거나 보행을 하는 등 각 기능에 따라 '팔'이나 '다리'를 구분하듯, 이들 또한 '항공기'라는 물체를 정비하는 큰 임무 아래 각 기능에 따라 역할을 나누어 둔 것이다. 때문에 모든 업무가 뚜렷하게 구분되어 있는 것이 아니며, 각 업무들은 서로 유동적으로 연결되어 있을 수밖에 없다.

▲ 수많은 부품과 여러 장치로 이루어진 항공기를 정비하려면 세분화 · 전문화된 인력이 필요하다.

예를 들면 비행기가 날 때 레이더가 망가지면 조종사는 조종을 원활하게 할 수 없게 되며, 때에 따라 원하는 곳에 이상 없이 폭탄을 투하할 수 없게 되는 등 작전을 완벽하게 수행하기가 어려워진다. 또한 어떤 무기나 장비들은 항공기의 이동 방향에 지대한 영향을 끼치거나 본체와 긴밀하게 연결되어 있기도 하다. 때문에 항공과 관련된 점검들은 당연히 비행기 전체의 움직임까지 함께 살펴보게 된다.

각 업무를 담당하는 이들은 비행기라는 기계가 움직이는 전체적인 과정에 대해 기본적인 지식이 있어야 하며, 자신의 업무뿐 아니라 타 업무에 대해서도 어느 정도 알고 있어야 한다. 또한 본인이 맡은 업무를 진행할 때도 전체적인 상황에 대해 지속적으로 정보를 공유해야 한다.

항공정비분야에서 복무를 하다가 전역 후 해당 업무를 하려면 업무 내용에 따라 경력이 인정되기도 하고, 복무를 하며 관련 자격증을 취득하기도 한다. 전역을 하면 민간 항공사에 취직해 동일한 업무를 수행하거나 맡은 업무 내용에 따라 관련된 분야의 업체에 들어가게 된다.

항공 장구 정비

공군 조종사는 특수한 임무를 수행하는 만큼 다양한 장비들을 착용하고 항공기를 조종한다. 이때 조종사가 사용하는 장비들이 이상 없이 작동하도록 고장 여부를 살피고 때에 따라 수리하는 임무를 하는 것이 항공 장구 정비이다.

이들은 조종사가 착용하는 헬멧(비행모)이나, 산소마스크, 특수복 등과 비상시 안전하게 탈출할 수 있도록 하는 낙하산이나 구명정 등을 꼼꼼히 살펴보아 이상 여부를 점검한다. 이러한 점검은 비행 전과 후에 모두 이루어져야 하며, 조종사의 생명과 연결되는 작업이니만큼 예리한 눈썰미와 꼼꼼한 손놀림이 필요하다.

전역을 한 뒤에는 패러글라이딩이나 래프팅 등 각종 레저 스포츠와 관련된 안전 장구 등을 관리하거나 점검하는 일을 할 수 있다. 항공 장구 정비 업무에 2년 이상 종사한 경우 항공장구관리사 자격증 시험에서 이론을 면제받을 수 있는 혜택이 있다.

▲ 헬멧, 산소마스크, 특수복 등 공군의 임무 수행에 필요한 다양한 장비들을 점검하는 항공 장구 정비 업무.

앞에서 소개한 내용들은 담당하는 업무들을 큰 기준에 따라 구분하여 대략적인 설명을 한 것이다. 그러나 항공기 및 항공기와 관련된 업무들은 그 규모가 매우 크고 다양하다 보니 실제 업무는 이보다 더 세분화되고 정교하게 나누어질 수밖에 없다.

예를 들면 항공기에 필요한 각종 기재들을 보급하는 업무나, 항공기에 탑재할 여러 화물들을 안전하게 싣도록 관리하는 일들이 따로 있다. 또한 정비 도중이나 예상치 못한 사고로 불이 났을 때 이를 전담하여 처리하는 소방 업무도 있다. 항공기라는 복잡한 시설물을 가급적 손상시키지 않으면서 비행단 안에 있는 여러 대의 비행기와 사람들을 안전하게 보호하려면 항공 소방에 대한 전문적인 지식과 능력이 있어야 하기 때문이다. 그러나 이 책에서는 공군이 하는 일에 대해서 전반적으로 궁금해 하는 점들을 크게 다루고 있으므로 이와 같은 내용들은 지면을 고려하여 생략했다. 때문에 설명되는 내용들에 대해 좀 더 자세한 정보가 알고 싶다면 공군이 제공하는 콘텐츠에서 관련 자료를 직접 찾아보도록 하자.

03 항공 통제 및 관제 분야

비행기와 관련된 영상 매체를 보면 비행기 조종사가 관제탑과 교신하며 정보를 주고받는 모습을 흔히 볼 수 있다. 이는 관제탑에서 각 항공기들과 조종사가 제 임무를 무사히 달성할 수 있도록 전체적인 작전을 지시하고 지휘하기 때문이다. 또한 관제탑에서는 비행기가 무사히 뜨고 내릴 수 있도록 주위 상황을 살피고 그것을 각 항공기에 알려주기도 한다.

이처럼 항공통제 업무를 담당하는 관제탑에서는 전체적인 작전 상황을 살펴 각 비행기에 지시를 내리거나, 비행기가 원활하게 뜨고 내릴 수 있도록 조율하는 임무를 담당한다.

항공통제

조종사들은 주어진 임무에 따라 비행기를 몰아 이상 없이 작전을 수행하는 역할을 한다. 그리고 이러한 조종사들에게 전체적인 작전 지시를 내리는 임무를 바로 항공통제라고 한다.

항공통제는 우리나라의 하늘을 가장 가까이에서 직접 관리하는 임무이다. 또한 각 비행기들의 움직임을 관리하여 지시를 내리는 임무를 한다. 적 비행기가 우리 영공에 침입하지 않도록 수시로 살펴보며, 상황에 따라 적 항공기를 격추하는 방공포를 통제하거나 관련된 우리 항공기의 운행을 관리하기도 한다. 관제탑에서 각 항공기가 뜨고 내리는 것에 허가를 내리거나 항공기가 있는 비행장을 관리하는 것 모두 항공통제 업무에 들어간다. 각 비행기와 조종사들이 맡은 임무를 잘 완수하도록 이들은 하늘이라는 커다란 전장의 상황에 대해 살펴보게 된다.

그 밖에 때에 따라 항공기를 운행하는 데 필요한 각종 지원을 하기도 하고, 비행기가 원활히 뜨고 내리도록 활주로 및 기타 공항 시설들을 관리하기도 한다.

항공관제

항공관제는 하늘을 살펴 항공기들이 서로 부딪치지 않고 안전하게 운행되도록 조율하는 일이다. 또한 항공기가 운행할 때 날아가는 새나 여러 방해가 되는 장애물에 부딪쳐 충돌이 일어나지 않도록 방지한다. 항공기 간 정보를 사전에 전해 듣고 다른 항공기에 이 내용을 알려주는 등 전체적인 공중 교통정리를 하게 된다. 지상에도 길이 있는 것처럼 하늘에도 비행기가 다니는 길이 있는데, 눈에 보이지 않을 뿐이지 수많은 비행기들이 정해진 신호를 따라 지정된 길로 다님으로써 충돌을 피할 수 있는 것이다.

▼ 수많은 항공기가 다니는 하늘에서 길잡이 역할을 하는 관제탑.

비행기와 새

인간이 비행기를 발명하여 하늘에 날아오르기 전까지 창공은 날개가 있는 새들만의 영역이었다. 새들은 아무런 장애물이 없는 하늘에서 자신들이 정해 놓은 길을 따라 자유롭게 날아다녔다. 그러나 비행기의 발명으로 새들은 인간과 하늘을 나눠 가지게 됐다.

안타까운 점은 새들이 인간과 비행기라는 새로운 물체의 등장으로 하늘을 나눠 가지게 됐음을 인지하지 못했다는 것이다. 때문에 평소처럼 가던 길을 따라 하늘을 날아가다 느닷없이 튀어나온 커다란 비행기에 놀라 몸을 부딪치기도 하고, 환기구에 말려들기도 하는 등 크고 작은 사고가 자주 일어났다. 심지어는 무리를 지어 이동하던 중 몸집이 커다란 비행기를 제 우두머리로 착각하고 비행기를 따라 날아가는 등의 웃지 못할 일들이 일어나기도 했다.

이러한 사고들은 새들에게도 큰 문제이지만, 자칫 비행기에 결함을 일으켜 기계가 잘못 작동하거나 멈추게 되어 추락하게 될 수도 있다는 점에서도 매우 위험했다. 때문에 각 항공사 및 공군에서는 이러한 새들의 움직임을 예의 주시하여 뜻밖의 사고가 발생하지 않도록 늘 경계하고 있다.

또한 이런 문제들은 비행을 하고 있는 하늘에서뿐 아니라 비행을 하기 전 활주로에서도 일어날 수 있기 때문에 주의를 기울여야 한다. 비행기가 안전하게 날아오르려면 이륙하기까지 충분한 거리를 달려야 하기에 활주로는 당연히 크고 넓을 수밖에 없다. 이 넓은 활주로에서 크고 무거운 항공기가 날아오르려면 매우 빠른 속도로 지상을 달려야 하는데 이때 활주로에 작은 이물질이 하나라도 있으면 비행에 차질이 있게 되며, 자칫 큰 사고로 이어질 수 있다. 초음속 비행이 가능한 제트 전투기들은 더욱 그러하다.

이물질은 작은 새 한 마리부터 실수로 떨어뜨린 나사 하나에 이르기까지 무엇이든 될 수 있다. 또한 활주로에서뿐 아니라 엔진이나 기관부에 빨려 들어갈 경우에도 기체 고장을 비롯하여 여러 사고가 일어날 수 있다.

때문에 공군 활주로에 진입하는 대원들은 혹시라도 물건을 떨어뜨리지 않기 위해 꼭 필요한 장비 외에는 물건 소지를 금하는 편이며, 줄이 달린 명찰 또한 상의 주머니에 집어넣어 간수하는 것이 원칙이다. 기기 수리에 필요한 장비들도 활주로에 진입하고 나올 때 품목과 수량을 확인하여 혹시라도 떨어뜨린 부품이 없는지 꼼꼼히 검사한다.

이처럼 사람이 지참하는 물품들은 관리 아래 통제될 수 있지만 새들은 다르다. 때문에 공군에서는 활주로에 날아드는 새들을 통제하는 업무를 별도로 정하여 사고를 미연에 방지하고 있다.

이 업무는 주로 항공통제와 운항 부분에서 관리한다. 얼핏 들으면 쉽고 편한 업무라 생각되지만 만만치 않은 일이다. 활주로를 이용하는 모든 비행기를 세심히 살펴보아야 할 뿐 아니라 넓은 비행장을 카메라와 육안으로 늘 예의 주시해야 하기 때문이다.

새들을 쫓기 위해서는 큰 소리를 내는 각종 경보기나 폭음기 등을 사용하거나 공포탄 등을 사용한다. 또한 필요할 경우 맹금류처럼 위협적인 커다란 새의 모형을 설치하여 새들이 활주로에 날아드는 것을 예방하고 있다. 무엇보다도 새들이 언제 어디에서 나타날지 예상할 수 없기 때문에 관리 업무를 담당한 이들은 수시로 비행장을 살펴 사고가 일어나지 않도록 신경을 쓰고 있다.

기상

항공기가 뜨고 내릴 때 날씨 등 기상 정보는 매우 중요하다. 비가 내리거나 안개가 끼면 조종사가 시야를 제대로 확보할 수 없으며, 강한 바람이 불면 비행기가 원활하게 날지 못하거나 때에 따라 사고가 일어날 수도 있기 때문이다.

때문에 기상 업무를 하는 이들은 미리 기상 정보를 숙지하고, 때에 따라 주어진 정보를 분석하여 비행 계획을 짜는 등의 일을 하게 된다. 그 밖에 각종 연구를 통해 다양한 관련 기술들을 개발하기도 한다.

또한 레이더나 각종 측정 장비 등 항공과 관련된 기상 장비들을 수시로 점검하고 관리하기도 하는데, 항공기와 관련된 장비들이니만큼 그 규모가 크고 다양할 수밖에 없다. 때문에 이러한 장비들이 잘 작동할 수 있도록 유지하고 보수하며, 안에 들어가는 소프트웨어 및 전산 프로그램들도 함께 관리하게 된다.

▲ 기상 정보를 수집 · 분석해 비행 계획을 세우고 항공 전략을 짜는 일은 공군의 주요 업무다.

방공 분야

전시 상황에서 공중전이 벌어지면 전투기를 이용해 싸우기도 하지만, 지상에서 미사일을 이용해 적 비행체를 격추시키기도 한다. 이러한 임무를 보통 '방공'이라고 하며, 이때 사용되는 무기들을 대공 무기라고 한다.

방공 임무를 맡으면 우리 영공을 침입하는 적 비행체가 있을 시 대공 미사일 등 각종 무기를 사용하여 이를 견제하고, 때에 따라 적 비행체를 격추시키는 등의 일을 하게 된다. 대공 미사일은 발사 거리에 따라 크게 중거리 미사일과 장거리 미사일로 구분할 수 있는데, 관련된 임무를 하는 이들 또한 이렇게 나눠진 기준에 맞춰 각기 다른 업무를 수행한다.

관련 무기들이 잘 작동할 수 있도록 수시로 점검하고 관리하며,

격추해야 할 대상이 있을 때 이를 잘 운용할 수 있도록 평상시 충분한 훈련을 하게 된다.

방공 임무는 지상에서 하늘을 감시하는 일이기 때문에 공군 뿐 아니라 육군 및 타 군대에서도 비슷한 임무를 하는 부대가 있다. 또한 때에 따라 공군과 협력하여 동일한 임무를 나누어 수행하기도 하는 등 부대의 성격과 정책에 따라 다양한 경우가 있다.

공군의 특기

공군은 각 장병이나 부사관, 장교마다 각기 부과되는 특기가 있다. 정식 명칭은 '군사 특기'인데 축약하여 '특기'로 부르며, 업무를 원활하고 체계적으로 수행하고자 만들어졌다. 공군의 특기는 각 보직의 특성에 따라 기능별 특기와 병과별 특기로 구분할 수 있다.

좀 더 세분화해서 살펴보면 일반 군 규정과 동일하게 전투 병과, 기술 전문 병과, 특수 병과 등이 있다. 공군의 경우 조종과, 항공통제과, 방공포병과 등이 전투 병과에 속하며, 기상과, 정보통신과, 군수과, 시설과, 재정과, 인사행정과, 정훈과, 교육과, 정보과, 헌병과는 기술 전문 병과에 속한다. 그 외 법무과, 군종과, 의무과 등은 특수 병과에 속한다.

장교는 18개 특기로 구분되며, 준사관은 47개, 부사관은 53개, 일반 병사는 51개 특기가 있다. 장교의 특기는 준 · 부사관 및 병사의 특기와 연계되도록 짜여있다.(특기 개수가 조정되기도 한다.)

조종을 비롯하여 특별한 교육과 자격이 필요한 특기를 제외하고는 대부분 입대하기 전 희망하는 특기를 1지망부터 3지망까지 결정하여 공군에 지원하게 된다. 이후 우선 분류와 전산 분류를 통해 각자에게 알맞은 특기를 구분하여 배정받게 된다. 우선 분류의 경우 모집할 때부터 특기가 지정된 경우를 말한다. 그 밖에는 전산 시스템으로 분류하여 지원 희망에 맞춘 특기를 배정받는다.

각 특기에 맞는 인원이 중복되는 경우 일정 기준에 따라 희망자를 비교하여 특기를 배정한다. 학사장교후보생의 경우는 자격증이나 전공, 입대 및 훈련 성적 등 종합 서열을 고려하여 특기를 배정하며, 학군사관후보생은 전공 및 임관 서열을 고려하여 배정한다. 부사관후보생과 일반 병사는 자격증과 전공, 적성 지수를 고려하여 특기가 배정된다.

Part Three

Get a Job

Black Eagles
8
EJECTION SEAT

고교 과정 – 공군항공과학고등학교

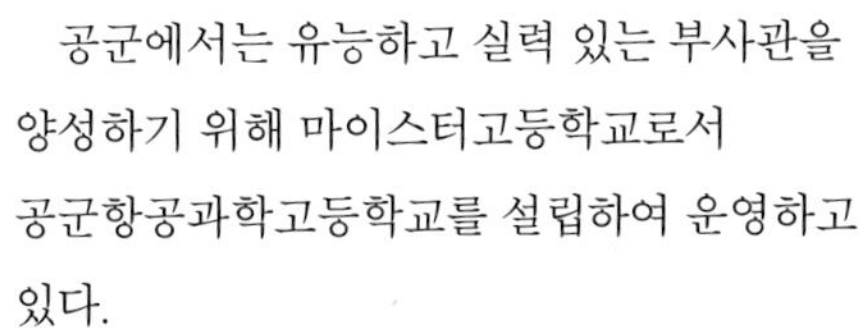

공군에서는 유능하고 실력 있는 부사관을 양성하기 위해 마이스터고등학교로서 공군항공과학고등학교를 설립하여 운영하고 있다.

교육 기간은 다른 고등학교와 마찬가지로 총 3년이며, 모든 졸업생은 졸업과 동시에 공군 하사가 되어 일하게 된다. 이때는 직업 군인으로서 공군에서 일하게 되는 것이기에 규정에 따라 7년 동안 의무적으로 복무를 해야 한다. 이때 복무 기간 7년에는 공군항공과학고등학교 재학 기간 3년이 포함된다. 즉 졸업 후 의무 복무 기간은 4년이다.

의무 복무 기간을 마친 뒤에는 분야를 바꾸어 사회로 진출하기도 하고, 계속해서 군에 남아 장기 복무를 하기도 한다. 장기 복무를 하게 되면 군에서 요구하는 정년(평균 53세)까지 안정적으로 일을 할 수 있다.

학과 교육

공군항공과학고등학교에 입학하면 초기 한 학기 동안은 일반 고등학교 1학년 학생들이 배우는 기본적인 공부를 하게 된다. 이후 1학년 2학기부터 소속된 학과에 따른 기본 기술 교육을 받으며, 2학년이 되면 본격적인 학과 기술 교육 및 군사 교육을 받게 된다. 그러나 이때도 일반 고등학생이 배우는 국어, 영어, 수학 등의 기초 교과도 함께 교육받을 수 있다. 전체적으로 공군 부사관이 되기에 적합한 교육들을 받게 된다.

■ 공통 기술 교육 내용
- 공업기술
- 공업물리
- 공업수학
- 직업영어 1, 2
- 컴퓨터활용
- 항공기일반

마이스터고등학교란?

산업 현장에서 필요한 특별한 기술을 익히려면 일정한 교육이 필요하다. 이러한 인력을 키우려면 많은 시간이 드는데, 때문에 학생들에게 미리 필요한 기술을 가르쳐 졸업 후 산업 현장에서 원활하게 일을 할 수 있도록 전문 인력을 키우는 학교가 바로 마이스터고등학교다.

마이스터고에 들어가면 해당 학교에서 교육하는 산업 기술을 고교 과정 중에 배울 수 있으며, 졸업과 동시에 바로 연관된 기술 분야에 종사할 수 있다. 또한 군에 복무할 때도 자신의 특기와 연관된 분야에 복무할 수 있다.

대표적인 마이스터고로는 로봇 산업과 관련된 서울로봇고등학교, 철강 분야에 특화된 포항제철고등학교, 배를 만드는 조선 사업과 연관된 거제공업고등학교 등이 있다. 마이스터고등학교에 대해 더욱 자세한 정보가 필요하다면 한국직업능력개발원에서 제공하는 마이스터고 안내 페이지를 참조하면 좋다.

▲ 항공 기술 분야의 전문 인력을 양성하는 공군항공과학고등학교.

〈항공통제과〉

하늘에서 일어나는 여러 기상 현상을 관찰하고 이를 응용하여 적용하는 방법 등 항공통제와 관련된 여러 기술들을 배운다.

1. 교육 내용

- 항공기법
- 항공기상 1, 2
- 항공작전
- 항공관제 1, 2
- 항공통제영어
- 항공통제 1, 2
- 항공기상관측 및 예보

2. 관련 자격증

- 정보처리기능사

컴퓨터에 대한 기본적인 지식과 활용 능력을 갖추고, 이를 이용하여 원활한 정보 처리와 컴퓨터 시스템 운용을 할 수 있는 능력 여부를 검증하는 자격시험이다.

〈항공전자통신과〉

하늘을 관측하고 통제하는 데 필요한 각종 기기를 다루는 법부터 각종 항공 전자 통신과 관련된 기술 교육을 받는다.

1. 교육 내용

- 전기회로
- P-spice
- 디지털논리회로
- 통신영어
- 전자회로
- 통신시스템
- 항공통신 일반
- 네트워크 1, 2
- 프로그래밍 1, 2
- 무선통신공학
- 마이크로프로세서
- 운영체제

2. 관련 자격증

■ 전자계산기기능사

컴퓨터의 기본이 되는 하드웨어와 관련 기계 장치에 대한 지식을 갖추고 이상이 있을 때 이를 신속하게 정비할 수 있는 능력 여부를 검증하는 자격시험이다.

■ 통신기기기능사

다양한 통신 기기들에 대해 기본적인 지식과 조정 능력을 갖추어 잘 다룰 수 있는지 능력 여부를 검증하는 자격시험이다.

〈항공기계과〉

항공기 기체뿐 아니라 항공 업무와 관련된 각종 기계들을 다루는 기술 및 이를 정비하는 법을 배운다.

1. 교육 내용

■ 기계기초공작	■ 항공기기체
■ 도면설계	■ 항공기장비
■ 전기전자기초	■ 항공기기관
■ 항공기계요소	■ 항공기초역학
■ 회로이론	■ 항공기술영어
■ 항공전자장치	

2. 관련 자격증

■ 항공기관정비기능사

항공기는 복잡하고 다양한 부품들로 이루어져 있기 때문에 각 기관들을 정비할 때도 전문적인 기술과 능력이 필요하다. 항공기관정비기능사는 이러한 기관들을 항공기에서 분리해 상황에 맞게 정비하고 수리하며, 연관된 기계들을 함께 정비할 수 있는 능력 여부를 검증하는 자격시험이다.

■ 항공기체정비기능사

항공기관정비기능사의 일이 항공기를 이루고 있는 여러 기관들을 정비하는 것이라면, 항공기체정비기능사는 이러한 기관들이 조합된 기체 전체를 정비하고 조율하는 일을 하게 된다. 항공기 판금(금속판)을 살펴보아 문제가 있을 경우 이를 알맞게 수리하며, 기체 구조와 연관된 각종 튜브 등의 배관 등도 함께 살피는 등 전체적인 항공기 기체를 정비할 수 있는 능력 여부를 검증하는 자격시험이다.

■ 항공장비정비기능사

항공기에는 목적에 따라 다양한 관련 장비들이 들어가게 된다. 이러한 장비들을 각 계통에 맞게 점검하며 필요에 따라 분해하거나 세척하는 등 종합적인 수리와 정비 능력을 검증하는 자격시험이다.

■ 용접기능사

다양한 금속 구조물이나 기계 등을 주어진 도구를 사용하여 용접하거나 납땜하는 등 용접과 관련된 업무 능력을 검증하는 자격시험이다.

■ 침투비파괴검사기능사

관련된 기기들을 사용하여 항공기 기체와 부속 물품들에 결함이 있는지 확인하고, 전체적인 품질 관리를 하는 능력을 검증하는 자격시험이다.

비파괴검사

어떤 기관이나 물품이 안전하게 잘 만들어졌는지, 압력이나 손상에 잘 버틸 수 있는지 등을 확인하려면 대량으로 생산된 물품들 중 하나를 골라 직접 힘을 가해 보거나 도구를 사용하여 두드려 보는 등의 방법으로 샘플 검사를 하곤 한다. 그러나 이러한 방법 외에도 물품을 손상시키지 않으면서 초음파 등의 검사 기계를 이용하여 물품의 이상 여부를 확인하는 방법이 있는데 이러한 검사 방법을 비파괴검사라고 한다.

비파괴검사 중 침투비파괴검사는 시험하고 싶은 물체의 표면에 관련 약품이나 테스트 성분을 입히고, 그 반응을 보아 결함이나 이상 여부를 확인하는 검사를 말한다. 다른 검사들에 비해 검사 속도가 빠르고 간단하며, 검사체 표면에만 다가갈 수 있으면 되기에 검사체를 떼어내 실험실로 이송하는 번거로움을 줄일 수 있는 장점이 있다. 그러나 침투제가 들어갈 수 없는 물체는 검사가 어려운 단점이 있으며, 숙련된 기술자의 예리한 분석력이 필요한 영역이기도 하다.

기계에 고장이나 이상 등 문제가 생겼을 때 구조가 간단하면 그것을 바로 뜯어보아 어떤 곳에서 문제가 발생했는지 확인하고 고칠 수 있다. 그러나 비행기처럼 각종 복잡한 기계들이 얽혀 있는 거대한 구조물은 안전도를 확인할 때마다 하나하나 해체해가며 내용을 점검하기가 쉽지 않다. 이런 경우에 비파괴검사를 이용하여 기관이나 부속품 등을 검사하면 쉽고 빠르게 이상 여부를 확인할 수 있다.

혜택 및 진로

공군항공과학고등학교에 입학하면 학생임과 동시에 군인으로 등록되어 부사관후보생 교육을 받게 된다. 또한 군인 신분이기에 국가에서 기본적인 봉급을 받게 되며, 그 밖에 생활 교육비 등의 각종 혜택을 받을 수 있다.

- 교육비 전액 지원
- 교과서 · 학용품 등 교육 관련 수학보조비 지원
- 의식주 전반 지원(기숙사)
- 성적 우수자 · 모범 학생 해외 견학

봉급은 2023년을 기준으로 1학년은 월 512,000원, 2학년은 월 640,000원, 3학년은 월 800,000원이며 수학보조비는 전 학년에 공통적으로 월 50,000원이 지급된다. 즉 월별 기준으로 1학년은 562,000원, 2학년은 690,000원, 3학년은 850,000원을 받을 수 있다.

그 밖에 졸업 후 공군 하사로 복무 시에는 개별 숙소가 제공되며, 학생이 원할 경우 야간대학에서 필요한 교육을 받을 수 있도록 허가하고 있다.

졸업 후에는 학생이 원할 경우 일반 대학이나 공군사관학교에 진학할 수 있는데, 이때는 의무 복무 기간을 조율해야 한다. 예를 들면 공군사관학교에 진학할 경우 공군 부사관에서 공군 장교가 된다. 이때 의무 복무 기간은 부사관 의무 복무 기간에서 공군사관학교에서 규정하고 있는 공군 장교 의무 복무 기간을 따르게 된다.

사회에서 일을 하게 될 경우에는 자신이 종사한 보직과 관련된 분야로 진출하기도 하고, 항공 관련 분야에서 일하기도 한다. 또한 재학 중에는 전공과 관련된 다양한 자격증을 취득할 수 있다.

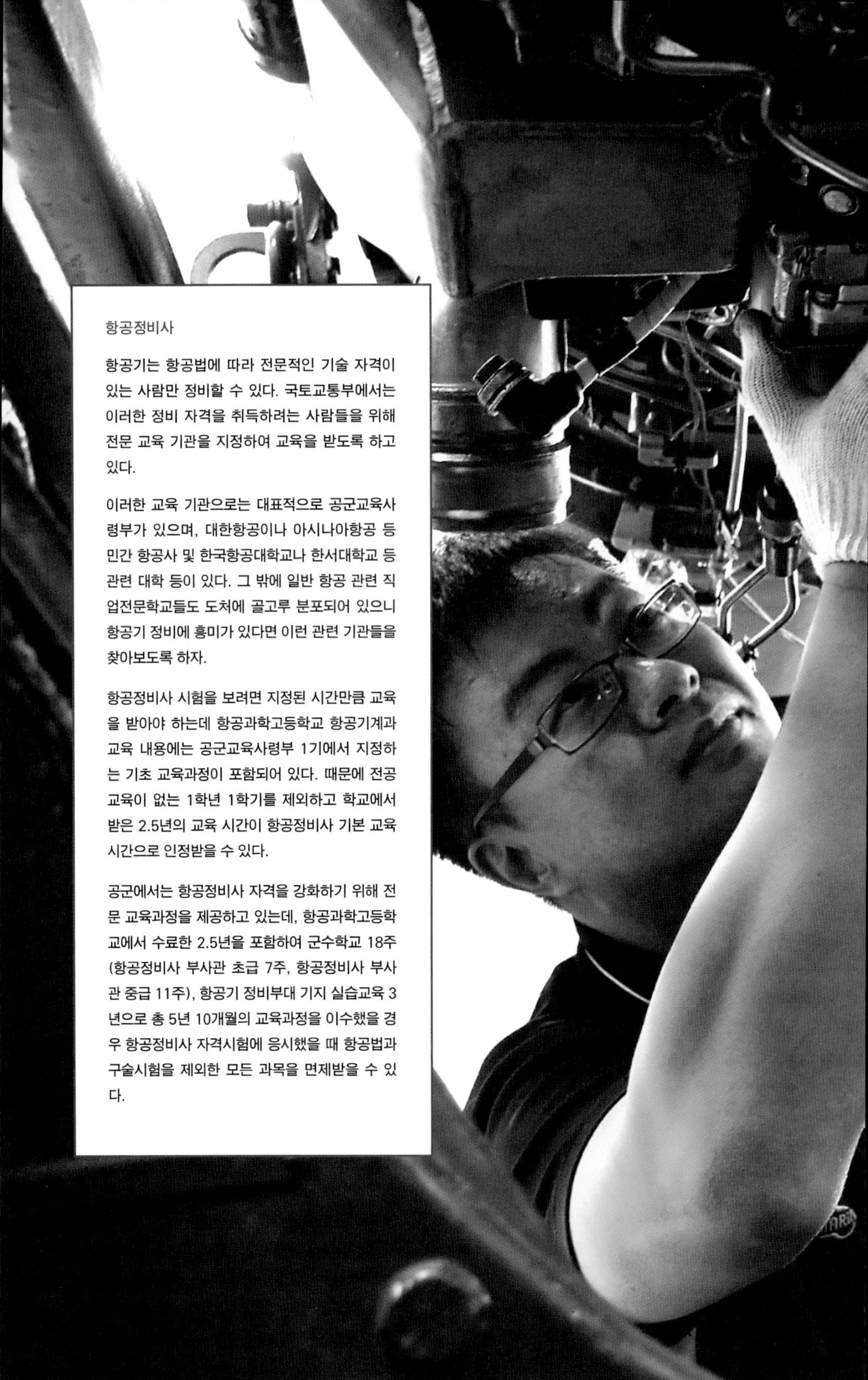

항공정비사

항공기는 항공법에 따라 전문적인 기술 자격이 있는 사람만 정비할 수 있다. 국토교통부에서는 이러한 정비 자격을 취득하려는 사람들을 위해 전문 교육 기관을 지정하여 교육을 받도록 하고 있다.

이러한 교육 기관으로는 대표적으로 공군교육사령부가 있으며, 대한항공이나 아시나아항공 등 민간 항공사 및 한국항공대학교나 한서대학교 등 관련 대학 등이 있다. 그 밖에 일반 항공 관련 직업전문학교들도 도처에 골고루 분포되어 있으니 항공기 정비에 흥미가 있다면 이런 관련 기관들을 찾아보도록 하자.

항공정비사 시험을 보려면 지정된 시간만큼 교육을 받아야 하는데 항공과학고등학교 항공기계과 교육 내용에는 공군교육사령부 1기에서 지정하는 기초 교육과정이 포함되어 있다. 때문에 전공교육이 없는 1학년 1학기를 제외하고 학교에서 받은 2.5년의 교육 시간이 항공정비사 기본 교육시간으로 인정받을 수 있다.

공군에서는 항공정비사 자격을 강화하기 위해 전문 교육과정을 제공하고 있는데, 항공과학고등학교에서 수료한 2.5년을 포함하여 군수학교 18주(항공정비사 부사관 초급 7주, 항공정비사 부사관 중급 11주), 항공기 정비부대 기지 실습교육 3년으로 총 5년 10개월의 교육과정을 이수했을 경우 항공정비사 자격시험에 응시했을 때 항공법과 구술시험을 제외한 모든 과목을 면제받을 수 있다.

입학 안내

공군항공과학고등학교는 총 3번의 전형 과정을 통과해야 입학할 수 있다. 원서 접수를 비롯하여 각 전형 일정은 해당 학교 홈페이지를 통해 확인할 수 있다. 전형에는 일반전형과 특별전형이 있다. 일반전형은 학교에서 실시하는 전형 내용에 따라 합격자를 선발하며, 정원의 10% 범위 안에서 특별전형 인원을 따로 선발한다. 특별전형은 국가유공자 자녀, 기초생활수급자, 차상위계층, 한부모 가정 중 하나에 해당될 경우 응시할 수 있다.

※ 일반전형과 특별전형에 동시에 지원할 수는 없다. 다만 특별전형 지원자가 전형에서 탈락했을 경우 자동으로 일반전형에 지원된다.

〈모집정원〉

모집 정원은 일정하지 않으며 학교에서 연간 입학 전형에 따라 상세한 모집 인원을 공지하는 편이다.

〈자격〉

대한민국 국적이 있는 미혼 남녀로 공군항공과학고등학교에서 매년 규정하는 연령에 알맞은 남녀 학생은 누구나 지원할 수 있다. 일반 중학교 졸업 예정자, 졸업자 및 고입 자격 검정고시 합격자도 지원 가능하다.

〈신체기준〉

공군항공과학고등학교의 재학생은 학생이자 공군의 부사관 후보생이기 때문에 입학할 때 기본적으로 공군 부사관의 신체검사 기준에 따라 학생을 선발한다. 그러나 키나 몸무게의 경우는 성인과 청소년 간 차이가 있기 때문에 신장별 표준 체중에 따르는 편이다. 매년 제공되는 모집 요강에 따라 기준치가 변경되기도 한다.

공군항공과학고등학교 지원 시 유의할 점

- 고등학교에 다니고 있는 학생이 공군항공과학고등학교에 지원하려면 재학 중인 고등학교장의 확인서를 제출해야 한다.
- 공군항공과학고등학교 입학 전형에 응시한 학생은 다른 마이스터고나 외고, 과학고 등에 이중으로 지원할 수 없다. 그러나 불합격한 학생은 다른 1개 특성화고에 지원할 수 있다.
- 편입학이나 전학이 불가능하다.

1. 시력

오른쪽 눈 0.7, 왼쪽 눈 0.5 이상(오른손잡이 기준)

오른쪽 눈 0.5, 왼쪽 눈 0.7 이상(왼손잡이 기준)

※ 안경을 쓰는 학생이라도 교정시력이 위 기준에 충족될 경우 지원 가능하다.

※ 심한 색각이 있을 경우 합격이 어려울 수 있다. 그러나 15가지 색각 식별판에서 10가지 이상을 식별할 경우 통과된다.

2. 신장

신장은 공군에서 규정하고 있는 신체검사 기준을 따르며 남학생과 여학생에게 공통적으로 적용된다. 입학 기준에 따라 적합과 부적합 여부를 판단하여 합격자를 선발한다. 아래 신장 기준 예시를 제공하나 학교 입학 전형에 따라 기준이 변경될 수 있다. 신장에 대한 것은 항공 의무전대에서 담당하고 있으니 궁금한 점이 있으면 문의해보자.

신장(cm)	체중(kg)
146 ~ 150	만14세 ~ 만15세 : 36 ~ 52
151 ~ 155	만14세 ~ 만15세 : 36 ~ 52
156 ~ 160	43 ~ 61
161 ~ 165	48 ~ 66
166 ~ 170	52 ~ 71
171 ~ 175	57 ~ 76
176 ~ 180	61 ~ 81
181 ~ 204	66 ~104

※ 문신이나 자해 흔적 등 신체에 심한 상처나 질환이 있을 경우 합격이 어려울 수 있다.

※ 니코틴 검사에서 양성 반응이 나오면 3차 면접 시험에서 최하 점수를 받는다.

선발 과정

〈원서접수〉

주로 7~8월 사이 평균 3주 정도 실시되며, 인터넷을 통해 원서 접수가 가능하다. 원서 접수 시 필요한 서류를 함께 제출해야 한다.

- 대상: 중학교 재학생(졸업생), 검정고시자(고입 자격)
- 제출서류: 생활기록부 II (성적, 출석, 봉사 포함), 검정고시 합격증 및 성적증명서

※ 특별전형 지원자는 관련 증명서를 함께 제출해야 한다.
※ 고등학교 재학생은 해당 학교장의 동의서를 제출해야 한다.

생활기록부를 제출할 때 총 5개 학기 중 어떤 과목에서 일부 학기 성적이 없어서 서류를 제출하기 어려울 때는 다음과 같은 원칙에 따라 성적을 계산한다. 먼저 해당 과목에서 1, 2학년 중 한 학기 성적만 있는 경우에는 해당 학년의 한 학기의 성적을 그대로 적용한다. 해당 과목이 1학년 1학기와 2학기 모두 성적이 없을 때는 2학년의 1, 2학기 성적을 적용한다. 반대로 해당 과목이 2학년 1학기와 2학기 모두 성적이 없을 때는 1학년의 1, 2학기 성적을 적용한다. 1학년과 2학년 모두 성적이 없는 과목이라면 3학년 1학기 성적이 적용된다. 반대로 3학년 1학기 성적이 없는 과목이라면 가장 마지막 성적인 2학년 2학기 과목 성적이 적용된다.

자격증은 정보처리기능사, 컴퓨터활용능력 2급 이상 또는 ITQ한셀 B등급 이상의 취득자에게 개당 2.5점(총 5점)의 점수를 부여한다.

구체적인 성적 산출 기준과 방법은 매해 공군에서 제공하는 신입생 입학 전형에 안내되어 있으니 좀 더 자세한 정보가 필요하다면 해당 자료를 살펴보도록 하자.

〈1차전형〉

1차 전형 기간에는 원서 접수 기간에 원서를 제출한 학생들을 대상으로 모집 인원의 3배수 인원을 선발한다. 2023년도 선발 기준은 중학교 내신 성적이며 일반전형은 총점 400점(교과 영역 300점, 비교과 영역 100점)을, 특별전형은 총점 300점(교과 영역 200점, 비교과 영역 100점)을 만점으로 두고 점수를 산출한다.

교과 영역은 교육부 지침에 따라 선정된 7개 과목 성적에서(혹은 8개 과목) 1학년은 학기당 15%, 2학년은 학기당 20%, 3학년 1학기는 30%를 반영한다.(2024년도 선발 시에는 학기별 비율 없음) 과목별로는 영어 15%, 수학은 10%, 기술 · 가정은 5%의 가중치가 부여된다.(2024년도 선발 시에는 과목별 비율 없음)

비교과 영역은 출결, 봉사 활동, 자격증을 근거로 점수를 부여한다.

〈2차전형〉

1차 전형 합격자들을 대상으로 2차 전형을 실시하여 모집 정원의 1.3배수(남학생 기준, 여학생은 1.4배수)에 해당하는 인원을 선발한다. 이때는 창의/적성 평가와 인성 검사를 실시하여 성적에 따라 합격자를 선발한다.

시험은 총 네 가지가 있는데, 지원하는 학생의 애국심이나 역사관 등을 알아보는 국가관/안보관 시험, 기초적인 수리 능력을 살펴보는 문제 해결 능력 시험, 의사 표현이나 해석 능력 등을 살펴보는 외국어 능력 시험, 이해력과 표현 능력을 살펴보는 의사소통 능력 시험이 있다. 각 시험당 배점은 일반전형과 특별전형 모두 75점을 만점으로 총점은 일반전형과 특별전형 모두 300점을 만점으로 한다.

출제 형식은 기본적인 객관식 문제와 서술형 및 단답형 주관식 문제가 섞여 있으며, 범위는 중학교 3학년 1학기까지 배운 각

교과목에서 출제한다. 이때 학생의 실력을 평가하기 위해 상, 중, 하 세 가지 난이도에 따라 문제가 출제된다. 역시 매해 시험에 따라 세부 내용이 변경될 수 있으므로 시험에 응시하고 싶은 학생이 있다면 공군항공과학고등학교 홈페이지에서 구체적인 입시 요강을 찾아보는 편이 좋다.

※2차 전형 합격 시 주민등록등본, 기본 증명서, 가족관계증명서, 신원진술서, 부모동의서, 자기소개서 등 추가 서류를 등기우편으로 제출해야 한다.

〈3차전형〉

2차 전형 합격자들은 공군교육사령부에서 이루어지는 3차 전형을 보게 된다. 이때는 개인 면접, 신체검사, 체력 검정 등의 검사가 실시된다. 이때 각 전형들은 개인별 1일 전형으로 이루어지기 때문에 합격자들은 합격 통보와 함께 개인별 3차 전형 일정을 함께 통보받는다.

면접은 일반전형은 200점, 특별전형은 300점 만점을 기준으로 한다. 다음으로는 신체검사와 체력검사를 실시하는데 신체검사는 앞에서 소개된 신체 기준 및 내과, 외과, 정형외과, 안과, 이비인후과 등으로 항목을 나누어 담당 검사관이 입학 기준에 적합한지, 부적합한지 등을 판단한다.

체력검사는 오래달리기, 팔굽혀펴기, 윗몸말아올리기 세 가지 종목을 실시한다. 팔굽혀펴기와 윗몸말아올리기는 각 30점 만점, 오래달리기 40점 만점으로 총 100점이며, 1등급에서 5등급까지 기준 시간에 따라 점수가 매겨진다. 오래달리기는 1.6km를 기준으로 9분 27초를 초과하면(여학생은 1.2km 기준 8분 37초 초과) 불합격 판정을 받는다.

항목별 기준치는 매년 입학 사정에 따라 조금씩 변경될 수 있으므로 항공과학고등학교에 입학하고 싶은 학생이 있다면 해당 학교 홈페이지에서 제공하는 입학 전형에서 세부 항목 기준치를 정확하게 확인해보도록 하자.

이와 같은 과정을 거쳐 최종 합격자로 선발되면 공군항공과학고등학교에 입학할 수 있다.
공군항공과학고등학교는 남학생과 여학생을 모두 받고 있지만 기숙사는 성별에 따라 분리되어 생활하게 된다.

종목	등급	남자	여자
팔굽혀펴기	1등급(30점)	34회 이상	40회 이상
	2등급(24점)	25 ~ 33회	24 ~ 39회
	3등급(18점)	14 ~ 24회	14 ~ 23회
	4등급(12점)	4 ~ 13회	6 ~ 13회
	5등급(6점)	3회 이하	5회 이하
윗몸말아올리기	1등급(30점)	90회 이상	52회 이상
	2등급(24점)	55 ~ 89회	34 ~ 51회
	3등급(18점)	33 ~ 54회	17 ~ 33회
	4등급(12점)	14 ~ 32회	6 ~ 16회
	5등급(6점)	13회 이하	5회 이하

* 여학생은 무릎 대고 팔굽혀펴기로 실시한다.

공군항공과학고등학교를 나오면 공군 조종사가 될 수 있을까?

공군항공과학고등학교를 졸업하면 졸업과 동시에 전문 기술을 갖춘 공군 부사관이 될 수 있다는 장점이 있다. 그러나 모든 공군 조종사는 장교이기 때문에 조종사가 되고 싶다면 공군사관학교나 공군 장교가 될 수 있는 제도를 지원하는 다른 대학에 진학해야 한다. 물론 항공과학고등학교 학생도 공군사관학교에 지원이 가능하나 특별한 혜택을 받지 않고 일반 학생들과 동일한 조건에서 지원하게 된다.

이때 학생들은 각 학교에서 요구하는 등급 기준을 충족해야 하는데, 우수한 장교 인력을 선발하는 만큼 요구하는 등급 기준이 매우 높은 편이다. 공군항공과학고등학교에서 기본적인 고교 교육 내용을 배울 수는 있지만, 학교의 특성상 공군 부사관을 키우기 위한 기술 교육을 중요하게 가르치기 때문에 각 대학에서 요구하는 기준을 맞추려면 더욱 많은 노력이 필요하다.

그렇기 때문에 전문 기술을 갖춘 공군 부사관을 목표로 한다면 공군항공과학고등학교가 매우 적합한 곳이라고 할 수 있겠지만, 조종사가 되기 위해서 공군항공과학고등학교를 지원하는 것은 학생의 노력이 더욱 요구된다.

그러나 이러한 어려움을 뚫고 공군사관학교에 가게 되면 그만큼의 혜택을 받을 수 있다. 먼저 공군항공과학고등학교 졸업생으로서 공군 하사로 임용됨과 동시에 공군사관학교의 생도 자격도 함께 얻게 된다. 때문에 공군 생도들에게 지급되는 수당을 받을 때도 생도 수당이 아니라 공군 하사에게 지급되는 수당을 받게 된다.

또한 공군항공과학고등학교 재학 기간 또한 공군 복무 기간에 속하기 때문에 일반 공군 사관생도에 비해 호봉이 높아 졸업 시 최종적으로 지급되는 수당 또한 많아진다. 그 밖에도 여러 혜택이 있으나 그만큼 학생의 노력이 많이 요구된다.

이와 같은 내용들은 관련된 법령이 개정될 경우 달라질 수 있기에 정확한 정보를 매년 확인해보는 것이 좋다.

성 주 영
SUNG

대학 과정 - 공군사관학교

공군사관학교란?

공군사관학교는 정예 공군을 양성하는 가장 유명하고 대표적인 특수목적대학교이다. 1949년 설립되었으며, 육군항공사관학교에서 공군사관학교로 이름을 바꾸고 체제를 개편했다.

공군항공과학고등학교가 공군 부사관을 양성하는 학교라면 공군사관학교는 공군 장교를 양성하는 학교라고 할 수 있다. 공군 조종사를 비롯하여 공군에서 맡고 있는 중요한 임무들을 수행하는 정예 인력을 양성하는 학교다. 일반 대학과 마찬가지로 고등학교를 졸업한 학생들이 지원할 수 있지만 군인을 교육하는 특수 목적 대학이기에 일반 대학의 입시 전형을 따르지 않는다.

공군사관학교에 입소하면 평균 4주간 기초적인 군사훈련을

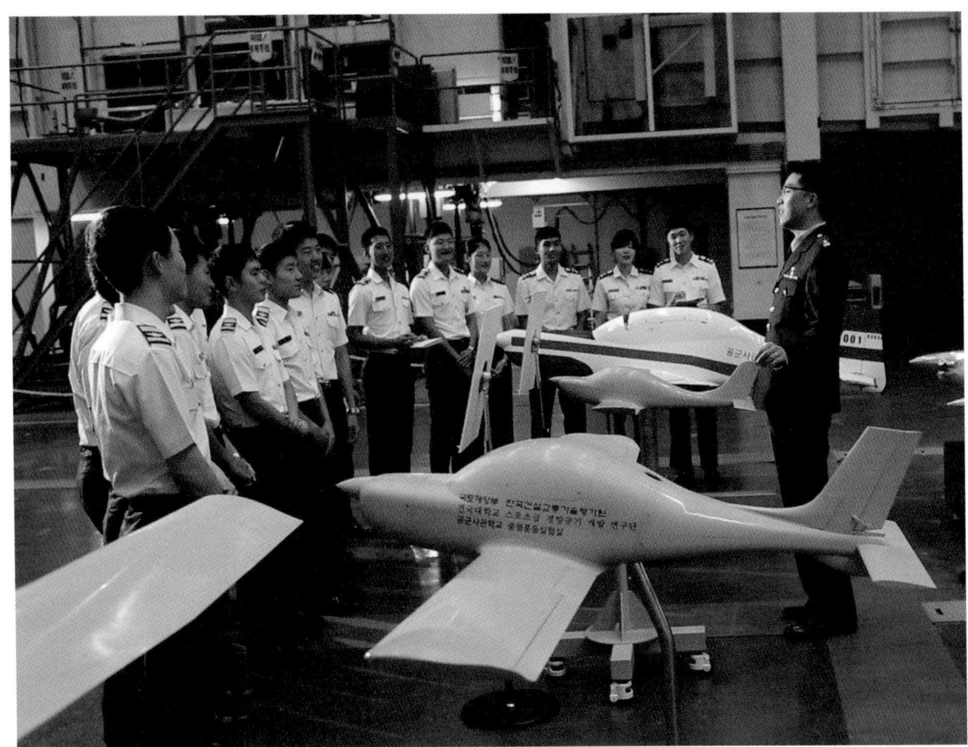

받은 뒤 4년 동안 정규 교육과정에 따라 공군 장교가 되기 위해 필요한 각종 기술 교육과 훈련을 받게 된다. 졸업을 하면 공군 소위의 신분으로 복무하게 되며, 조종 분야는 15년, 비조종 분야는 10년간 공군 장교로서 의무 복무해야 한다.

처음 학교가 설립됐을 때는 남학생만 입학할 수 있었으나 1997년부터 여학생도 지원할 수 있게 됐다. 이에 따라 2001년부터 최초로 여군 공군 장교들이 배출됐다.

※ 공군사관학교 생도의 장교 의무 복무 기간은 군인사법에 따라 변경될 수 있다.

※ 일반 공군 장교 복무 기간과는 별도이다.

학과 교육

공군사관학교에서는 정예 공군이 되기 위한 기본적인 교양이나 군사학 등의 이론 교육부터 장교로서 소속 병사들을 원활하게 지휘하기 위한 부대 지휘, 전투 기술 등의 군사훈련을 함께 받게 된다. 또한 건강한 체력과 정신력을 키우기 위한 기본적인 소양 교육 등도 함께 실시되고 있다.

4주간의 군사훈련을 마친 뒤 공군사관학교에 입학하면 처음 1년간은 학교에 적응하며 소양을 다질 수 있는 기본 교육을 받는다. 대학생으로서 받아야 하는 기초적인 교양 교육과 함께 군인으로서 심신을 다질 수 있도록 체력 단련과 기초적인 군사훈련을 받는다. 이를 통해 1년 동안 기본을 갖추면 2학년부터는 전공을 선택하여 해당 전공에 맞는 기초 과목들을 배운다. 전공은 국제관계학, 국방경영학, 지역연구학, 전산정보과학, 항공우주학, 기계공학, 전자통신공학, 시스템공학 총 8가지다.

이어 3학년 과정에서는 몸담고 있는 전공과목을 보다 심도 있게 배우며, 장교로서 후배들을 교육하고 선배들을 보좌하는 법을 익히게 된다. 이후 4학년 과정에서는 전공과목을 마무리하며 어엿한 공군 장교로서 맡은 바 임무를 성실히 수행할 수 있도록 관련 업무 및 장교라는 지위에 맞도록 통솔력과 리더십 훈련 등을 받게 된다.

더불어 모든 학생들은 연간 정기적으로 실시되는 군사훈련을 받는다. 기본 훈련과 여름에 실시되는 하계 훈련이 있으며 총검술 등 총을 다루는 법부터 각개전투나 응급처치 등 군인으로서 익혀야 하는 기본적인 내용 및 지상, 수중, 공중 등 다양한 환경과 공간에서 전투 방법 및 생환 방법에 대한 훈련을 받게 된다.

이전까지는 모든 학생들이 공통적으로 단일 학위를 수여받았으나 2005년부터는 계열별로 전공을 구분하여 학위를 수여하고 있다. 국제관계학, 국방경영학, 군사전략학은 문학계열로, 전산정보과학, 항공우주학, 기계공학, 전자통신공학,

시스템공학은 이공계열로 구분된다.

이와 함께 전 학년이 모두 군사학을 이수하기에 해당 계열의 학위와 더불어 모든 졸업생은 공통적으로 군사학사 학위를 받게 된다. 즉 공군사관학교를 졸업하게 되면 군사학위와 함께 본인의 전공계열에 맞는 학위도 받게 되어 총 두 가지 학위가 수여된다.

〈문학사〉

군인으로서 우리나라와 주위 국가들의 상황을 잘 이해하여 현명한 판단과 조치를 할 수 있도록 정치 관련 학문들을 배운다. 이와 더불어 장교 신분의 지휘관으로서 필요한 군사 전략에 대한 내용들도 익힌다. 군사적인 이해관계와 더불어 전체적인 운영에 대한 부분들도 함께 알아야 하기에 경제학 및 국방경제학 등을 배운다. 또한 군인으로서 효율적인 전투를 수행하며 몸담고 있는 곳을 안전하게 지키려면 지역에 대한 충분한 이해가 필요하다. 때문에 지역이나 지리에 대한 내용부터 지역 관련법, 역사 문화 등도 배운다. 우리나라뿐 아니라 세계 각국에 대한 정보들을 함께 배우기 때문에 일부 학과에서는 중급 이상의 외국어 학습 능력을 요구하기도 한다.

■ 계열학과

국제관계학/국방경영학/항공우주정책학

〈이공학사〉

첨단 과학 시대가 됨에 따라 인간은 가까운 대기권뿐 아니라 더욱 먼 우주까지 진출할 수 있게 됐다. 이에 따라 공군이 수호해야 할 영역들 또한 확장됐다. 때문에 항공우주학 등 우주와 관련된 각종 학문들을 배운다. 또한 컴퓨터에 대한 기본적인 이해부터 방대한 정보를 처리하는 법을 익히며, 군에서 사용되는 각종 기기와 시스템들을 잘 알고 이를 발전시키기 위한 기계공학이나 전자공학 등 다양한 공학 학문들을 배운다. 항공 및 군에 필요한 각종 전자 시스템이나 무기 체제 등을 잘 운용할 수 있는 능력을 키우는 것을 목표로 한다.

■ 계열학과
- 이학사: 전산정보과학
- 공학사: 항공우주공학/기계공학/전자통신공학/시스템공학

〈군사학〉

공군 장교에게 필요한 기본적인 군사 이론 및 작전, 실무 방법에 대해 배운다. 또한 공군에게 필요한 비행이론이나 항공공학, 항공전략 및 우주학 등에 대해서도 배운다. 공군사관학교 4년 동안 전 기초 이론부터 심도 깊은 내용까지 체계적으로 배워 나가며, 모든 학생들은 졸업 시 군사학위를 수여받는다.

※ 학위 내용 및 계열 과정, 전공 세부 내역은 공군사관학교 규정에 따라 변경될 수 있다.

혜택 및 진로

재학 중에는 교육비를 비롯하여 교재나 의복 및 기타 필요한 물품에 소요되는 비용은 모두 국가에서 지원하며, 개인별 노트북이나 기타 생활에 필요한 물품들도 지원한다. 더불어 항공고등학교와 마찬가지로 교육수당을 받을 수 있다.

또한 승마나 스킨스쿠버, 태권도나 유도 등 다양한 취미 활동을 지원하며 재학 중 태권도나 유도, 검도 중 한 종목에서 자격증을 취득할 수 있다.

졸업 후에는 공군 장교로서 공군 항공과 연관된 각종 작전 현장에서 복무하게 되며, 4학년 2학기부터 시작되는 비행 교육을 받아 공군 조종 장교로 진출하기도 한다. 졸업 후 일정 기간이 지나면 한 차례 전역을 신청할 수 있으며 이때 비행 훈련을 받은 조종사는 민간 항공기 조종사 면허를 취득할 수 있기에 민간 항공사나 일반 다른 관련된 일로 업종을 변경하기도 한다. 그러나 공군사관학교는 전문적인 공군 장교 인력을 양성하는 곳이기에 군인이 되기를 희망하는 이들이 지원하게 된다. 때문에 업종을 전향하기보다는 대부분 군에 남아 관련된 분야에서 업무를 수행하는 편이다.

또한 공군 장교로서 국가에서 부여하는 혜택을 받을 수 있는데, 독신자 아파트나 관사 아파트 등 기본적인 숙소부터 연계된 휴양 시설 등에서도 이용 혜택을 받을 수 있다. 그 밖에 각종 군 관련 연수나 자기계발 등 관련된 교육도 제공된다. 더불어 본인이 종사하는 분야에서 더욱 전문적인 지식을 얻고 싶을 경우 국내외 여러 대학에서 석사나 박사 과정의 교육 기회를 제공하여 학위를 취득할 수 있다.

입학 안내

어학우수자 선발 전형

■ 1군 언어: 영어/일본어/중국어/프랑스어/독일어/러시아어/스페인어
- 해당 언어별 어학능력시험 최저 기준 이상자

■ 2군 언어: 유럽 15개국(이탈리아/포르투갈/네덜란드/스웨덴/덴마크/폴란드/루마니아/체코/슬로바키아/헝가리/세르비아/크로아티아/우크라이나/그리스/불가리아), 아시아 · 중동 12개국(말레이시아/인도네시아/태국/인도/터키/아제르바이잔/이란/몽골/베트남/카자흐스탄/우즈베키스탄/아랍어권)
- 해당 국가에서 중 · 고교 1년 이상 수료자

공군사관학교는 총 세 번의 선발 과정을 거쳐 학생들을 뽑는다. 먼저 공지된 원서 접수 기간에 원서를 제출한 뒤 1차 시험에 응시한 학생들을 시험 결과에 따라 각 분야별 정원의 6배수를 선발한다. 이후 합격자들을 대상으로 2차 시험을 실시하여 이들 중에서 주어진 조건에 맞춰 최종 합격자를 뽑는다.

그 외 어학우수자나 재외국민자녀, 독립유공자((외)손/자 · 녀) 및 국가유공자 자녀 등에 속하는 학생을 뽑는 특별전형 및 특례입학제도도 실시되고 있다.

〈모집 정원〉

모집 정원은 일정하지 않으며 학교에서 연간 입학 전형에 따라 상세한 모집 인원을 공지하는 편이다.

〈자격〉

대한민국 국적이 있는 미혼 남녀로 공군사관학교에서 요구하는 사상과 가치관에 적합한 이를 선발한다. 국적이 두 개인 이도 지원은 가능하지만 합격하여 공군사관학교에 들어가게 되면 지정된 기간 전까지 외국 국적을 포기해야 한다.

지원 가능한 나이는 매년 입시 여건에 따라 지원 가능한 출생 연도를 공개한다. 보통 고등학교 졸업자 및 졸업 예정자, 법적으로 그와 동등한 학력이 있다고 인정되는 이들이 지원할 수 있다. 또한 군인을 뽑는 자리이기에 일부 공군에서 요하는 군인사법 및 몇몇 법률에 따르며 결격 사유가 없어야 한다.

선발 과정

〈원서 접수〉

공군사관학교 원서 접수는 주로 하반기에 실시된다. 기간은 평균 보름 정도이다. 인터넷에 공지된 원서 접수 홈페이지에 접속하여 지원서를 작성하고 전형료를 결제하면 된다. 또한 공군사관학교 시험 외에도 대학수학능력시험을 함께 치러야 하기에 두 시험 모두 같은 계열로 응시해야 한다. 즉 인문계열 수험생이라면 공군사관학교시험과 대학수학능력시험 모두 국어 B형과 수학 A형을 보며 사회탐구 시험을 쳐야 하며, 자연계열 수험생이라면 국어 A형과 수학 B형을 보며 과학탐구 시험을 치는 식이다. 그러나 고등학교 재학 시 이수했던 계열과는 상관없이 시험을 칠 수 있으니 잘 생각하여 본인에게 알맞은 시험 유형을 고르도록 하자.

학생을 선발할 때는 조종과 정책 두 가지 분야로 나누어 뽑는데, 각 분야에 따라 요구되는 조건이나 기준이 다르다. 때문에 자신의 성향과 재능에 따라 알맞은 분야를 신중히 고려해야 한다. 각 분야에 따른 자세한 선발 기준과 수업 내용은 공군사관학교 홈페이지에 자세히 안내되어 있으니 관심이 있다면 찾아보도록 하자.

〈1차 시험〉

입학 원서를 제출하고 나면 지원자들은 공군사관학교에서 출제하는 입학시험을 치러야 한다. 과목은 국어, 영어, 수학 세 과목이며, 수능 시험과 마찬가지로 수학은 응시자의 계열에 따라 가형과 나형으로 구분된다. 각 100점 만점으로 총 300점 만점이며, 각 시험별로 표준점수를 반영한다(환산 점수 400점 만점). 이때 1차 시험에서 상위 11% 이내의 점수를 받게 되면 가산점을 받을 수 있다.

시험 시간은 최소 50분에서 100분까지 과목별로 다르다. 시험 장소는 공군에서 지정하는 14개 학교 중 수험생이 원하는 곳을 원서 접수 시 선택할 수 있다.

〈1차 시험 응시 학교〉

지역	장소
서울	명일중
	서운중
	신서중
	오금중
	신도중
경기	곡정고
충북	남성중
강원	강릉고
대구	달성고
부산	온천중
경남	경남자동차고
광주	장덕중
전북	완산고
제주	제주제일고

*시험 장소는 매년 변경 될 수 있음.
[2023년 기준]

〈2차 시험〉

1차 시험에서 합격한 이들은 2차 시험에 응시하게 된다. 2차 시험은 개인별로 실시되며 1박 2일이 소요되기에 공군사관학교에서 별도로 식사와 숙박 장소를 제공한다. 합격자들은 공군사관학교에서 요구하는 서류를 제출해야 한다. 제출 서류는 자기소개서를 비롯하여 신원진술서, 생활기록부, 가족관계증명서, 주민등록등본, 기본증명서, 학교장 추천서 등이다. 이때 자기소개서와 신원진술서는 워드 파일로 작성하여 출력해도 상관없으며, 사진을 부착해야 하는 서류의 경우 제출일로부터 6개월 이내에 촬영된 사진을 사용해야 한다.

서류를 제출하고 나면 본격적인 시험이 시작된다. 2차 시험은 신체검사와 체력검사, 면접으로 이루어져 있다. 첫날은 신체검사를 보는데 신체검사의 경우 공군사관학교에서 요구하는 기준치에 따라 시험 당일에 합격과 불합격 판정을 받게 된다. 이때 합격한 이들은 공군사관학교 안에 있는 숙소에서 하루를 더 머문 뒤 다음 날 체력검정시험과 면접을 보게 된다.

1. 신체 검사

신체검사의 경우 조종 분야와 정책 분야에 따라 요구되는 기준이 다르다. 조종 분야의 경우 공군 공중근무자 신체검사 기준이 적용되며, 정책 분야의 경우 공군 일반 장병 신체검사 기준이 적용된다. 기본적인 기준치는 아래 표에 소개하지만, 안과, 치과, 내과, 외과, 정형외과 등 각 항목별로 보다 상세한 기준치가 정해져 있으므로 자세한 정보가 필요한 사람은 공군사관학교에서 제공하는 분야별 주요 신체검사 기준표를 찾아보도록 하자.

※ 탈락 기준 일부

- 내과 질환 중 간염, 폐결핵, 기관지 천식, 심부전증, 당뇨병, 백혈병 등이 있을 경우 합격이 어려울 수 있다.

- 외과 질환으로 화상 흉터가 체표면 10% 이상이거나 흉곽 기형, 기흉이 있을 경우 합격이 어려울 수 있다.
- 색맹이나 색약이 있을 경우 불합격을 받는다.
- 조종 분야 지원자는 신체검사 이전 시력교정술을 받았을 경우 불합격을 받는다.

※ 검정고시 합격자는 별도로 요구되는 서류 양식이 있다.

2. 논술시험 폐지

논술 시험은 총 30점 만점으로 한 문제가 출제되며 30분 이내로 평가했다. 내용은 시사나 안보와 관련된 내용 혹은 역사적으로 중요했던 사건 등에 대해 논술하게 된다. 이때 본인의 의견을 서론, 본론, 결론으로 형식을 맞춰 구성하여 제출하면 되었다. 2023년에는 논술시험을 보지 않는다.

3. 체력검정

체력검정시험은 총 150점 만점으로 팔굽혀펴기, 윗몸일으키기, 오래달리기 총 3가지 종목을 보며, 기록에 따라 등급을 매겨 점수를 받는다. 또한 기준치에 미달하는 점수를 받으면 불합격 판정을 받는다. 옆의 QR코드를 통해 등급표를 살펴보고 본인이 해당하는 기준치만큼 과제를 수행할 수 있는지 점검해보도록 하자.

4. 면접

면접은 총 450점 만점으로 면접관들과 5가지 항목에서 심층적인 대화를 하며 공군사관학교에 적합한 인물인지 아닌지를 판단하게 된다. 항목은 성격과 가치관 등을 살펴보는 1분과, 학교나 가정 등의 생활환경 및 공군사관학교를 지원한 동기나 지원자 자신을 소개하는 2분과, 용모나 태도에서부터 전체적인 역사관이 어떠한지를 살피는 3분과, 개인의식과 공동의식을 살펴보는 4분과(적합/부적합 판정)와 위 네 가지

체력검정 등급표

항목을 통해 종합적인 평가를 내리는 위원장평가로 이루어진다.

각 항목은 5개 등급으로 나누어 평가되며, 항목별 면접평가위원의 평균점수를 반영한다. 또한 MMPI를 비롯한 각종 인성/성격 검사를 함께 실시하기도 한다. 또한 각 항목에서 기준치 이하의 점수를 받거나, 인성 검사 등에서 부정적인 평가를 받게 될 경우 불합격 판정을 받을 수 있다.

이와 같은 엄격한 선발 과정을 거쳐 성별과 계열, 분야별 성적을 종합하여 우수한 순으로 최종 합격자를 선발한다. 이때는 그동안 보았던 시험뿐 아니라 제출한 학교생활기록부 등의 서류들도 모두 포함하여 검토하게 된다.

또한 각 시험 및 기타 요구되는 조건에 맞춰 가산점을 받았을 경우 합격에 유리하다. 이때 조종 분야는 2차 시험 합격자들을 대상으로 성별과 계열에 따라 모집하려는 인원의 50% 내에서 종합 성적 순으로 학생들을 우선 선발한다. 그리고 가산점 기준에 한국사능력검정시험이 들어가게 된다. 이후 종합 성적 집계 과정을 통해 일반 선발로 나머지 인원을 뽑는다.

각 계열별 채점 기준 및 가산점 내역은 공군사관학교에서 매년 입시 요강에 따라 공지하고 있다. 또한 조종 분야 우선 선발 기준에 대해서도 자세한 정보가 필요한 사람은 직접 해당 내용을 찾아보도록 하자.

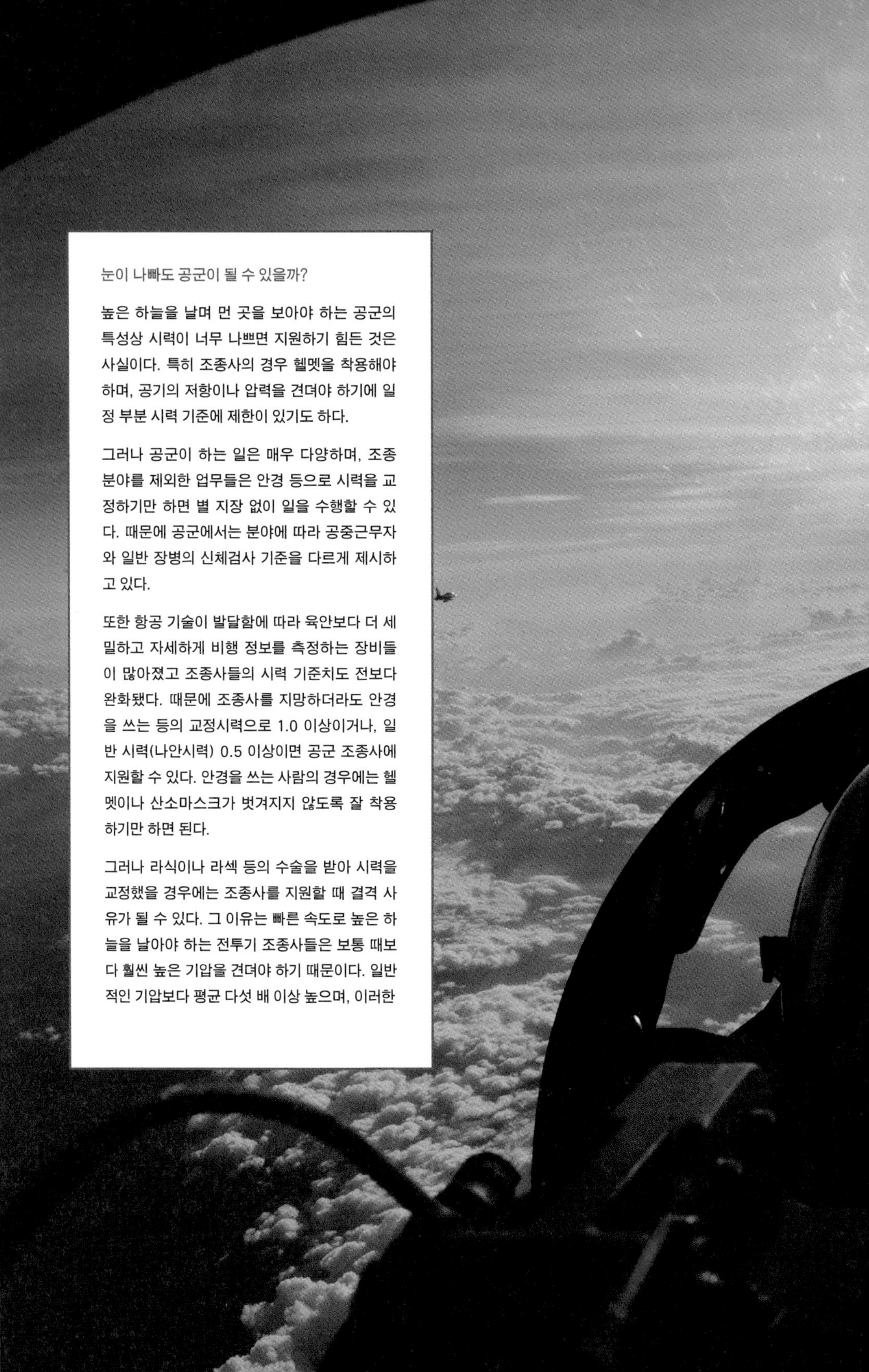

눈이 나빠도 공군이 될 수 있을까?

높은 하늘을 날며 먼 곳을 보아야 하는 공군의 특성상 시력이 너무 나쁘면 지원하기 힘든 것은 사실이다. 특히 조종사의 경우 헬멧을 착용해야 하며, 공기의 저항이나 압력을 견뎌야 하기에 일정 부분 시력 기준에 제한이 있기도 하다.

그러나 공군이 하는 일은 매우 다양하며, 조종 분야를 제외한 업무들은 안경 등으로 시력을 교정하기만 하면 별 지장 없이 일을 수행할 수 있다. 때문에 공군에서는 분야에 따라 공중근무자와 일반 장병의 신체검사 기준을 다르게 제시하고 있다.

또한 항공 기술이 발달함에 따라 육안보다 더 세밀하고 자세하게 비행 정보를 측정하는 장비들이 많아졌고 조종사들의 시력 기준치도 전보다 완화됐다. 때문에 조종사를 지망하더라도 안경을 쓰는 등의 교정시력으로 1.0 이상이거나, 일반 시력(나안시력) 0.5 이상이면 공군 조종사에 지원할 수 있다. 안경을 쓰는 사람의 경우에는 헬멧이나 산소마스크가 벗겨지지 않도록 잘 착용하기만 하면 된다.

그러나 라식이나 라섹 등의 수술을 받아 시력을 교정했을 경우에는 조종사를 지원할 때 결격 사유가 될 수 있다. 그 이유는 빠른 속도로 높은 하늘을 날아야 하는 전투기 조종사들은 보통 때보다 훨씬 높은 기압을 견뎌야 하기 때문이다. 일반적인 기압보다 평균 다섯 배 이상 높으며, 이러한

기압의 차이 때문에 몸은 엄청난 부담을 견뎌야 한다. 때문에 조종사들은 몸에 오는 부담을 견디기 위해 가압복 등을 착용하여 압력을 줄이기도 한다.

특히 눈은 압력을 받으면 충혈되는 증상이 생기기도 하는데, 이때 라식이나 라섹 등 인공적으로 각막을 깎아 내는 수술을 받았을 경우 문제가 발생할 수 있다. 각막은 눈이 외부의 압력을 잘 견뎌내도록 하는 완충 역할을 하는 신체 기관이다. 때문에 인공적인 시력교정술로 각막을 깎아 내어 각막이 얇아지면 압력을 견디기가 더욱 어려워진다. 더불어 이러한 시력교정술을 받았을 경우 빛번짐 등의 부작용이 발생할 확률이 높다. 높은 하늘에서 목표한 것을 정확하게 보아야 하는 공군 조종사에게는 이러한 것들이 치명적인 단점이 될 수도 있다.

그러나 공군에서는 이러한 부분을 보완하고자 항공의학적으로 안정성이 입증된 시력교정술을 실시하고 있다(ASA-PRK). 그리고 사관생도 중 성적이 좋은 학생이나 조종 특기자를 대상으로 이 수술을 시행하여 공군 조종사가 될 수 있도록 돕고 있다. 때문에 미리 수술을 받은 이는 어렵지만, 차후 시력교정술 대상자로 선발되어 해당 수술을 받았을 경우에는 공군 조종사가 될 수 있다.

만약 공군이 되고 싶으나 눈이 나빠서 고민을 하는 이가 있다면 업무에 맞는 상세한 시력 기준치를 살펴보도록 하자.

03 대학 과정 – 기타

학군사관후보생

학군사관후보생(ROTC)이란 대학생들 중 희망하는 사람에 한해 우수한 이들을 선발하여 대학 생활과 군사훈련을 함께 받을 수 있도록 하여 우수한 장교로 양성하는 제도를 말한다. 기간은 평균 2년으로 대학 내에 학군단이 있는 곳에서 재학 중인 2학년을 대상으로 모집한 뒤 3학년부터 복무하게 된다.

의무 복무 기간을 마치고 대학 졸업 후에는 소위 등의 장교로 임관하여 남은 복무를 하게 된다. 각 학군단을 선출하는 기준은 군에 따라 다를 수 있다.

연 1회 인원을 모집하며, 공군에서 지정한 대학에 재학하는 학생일 경우 공군 학군사관후보생에 지원할 수 있다. 공군 학군단에 지원할 수 있는 학교는 한국항공대학교, 한서대학교

항공학부, 한국교통대학교이다. 공군 학군사관후보생에 지원하게 되면 1차로 필기시험과 수능 및 대학 재학 중 성적을 심사한 뒤, 2차로 면접과 신체검사, 체력검사를 실시하여 종합 성적에 따라 최종 인원을 선발한다.

연령은 임관일을 기준으로 만 20세 이상, 27세 이하여야 하며 해당 대학 2학년 재학생으로 일정 기준 이상 우수한 성적을 받은 자 중에서 선발한다. 복무 기간은 일반 학군단은 3년, 조종 인력은 10년이다. 조종 장학생으로 선발된 이는 3학년이 되었을 때 자동으로 학군단으로 편입하게 된다.

공군 학군사관후보생이 되면 공군교육사령부에서 실시하는 기초 군사훈련을 받게 되며, 이후 교내에서 장교 양성에 필요한 군사 교육을 받게 된다. 또한 이후에도 꼬박꼬박 공군교육사령부에서 실시하는 집중 군사 교육 훈련을 통해 숙달된 장교가 되기 위한 교육을 받는다.

조종장학생(조종분야 가산복무지원금 지급대상자)

조종장학생이란 4년제 대학 재학생 중 우수한 학생에게 공군이 졸업할 때까지 장학금을 지급하고, 졸업 후 공군 비행 교육과정을 받게 하여 공군 조종사로 육성하는 제도를 말한다. 지원 자격은 만 20세~27세 사이의 대한민국 국적이 있는 남성으로, 국내 4년제 정규 대학을 다니고 있는 재학생이면 대부분 가능하나 항공대나 한서대 등 공군과 연관이 있는 학교는 일부 조건이 다른 경우가 있다.

연 1회 모집하며, 공군에서 조종장학생 모집 공고를 올리면 해당 내용에 맞춰 지원서를 작성하고 필요한 서류를 제출한 뒤 주어진 절차에 따라 3단계 선발 과정을 거친다. 1차는 필기시험으로 영어와 국사, 인지능력평가, 성격평가 등을 보며, 총 200점 만점에 약 3시간가량이 소요된다.

그러나 2014년부터는 제도가 변경되어 국사와 간부 선발 시험(KIDA)만을 치르고, 영어는 공인 어학성적표를 제출하는 방식으로 바뀌었다. 자세한 모집 요강은 매년 공군의 일정에 따라 변경될 수 있다.

필기시험은 서울, 수원, 청주, 대구, 부산, 광주, 원주 등 전국 각지에서 실시되므로 지원자가 원하는 시험장을 선택하면 된다. 1차 필기시험에 합격하면 2차로 신체검사와 체력검사를 실시한다. 신체검사의 경우 공중근무자 신체검사 기준에 맞춘다. 체력검사는 여타 공군 체력검사처럼 팔굽혀펴기, 윗몸일으키기, 1,500m달리기를 주어진 기준치에 맞추면 된다. 이후 지원자의 국가관이나 품성, 리더십 등을 살피는 면접을 보게 되며, 가장 마지막에 조종사가 되기에 적합한 인재인지를 판단하기 위해 조종사 적성 검사를 실시한다.

조종사 적성 검사는 공군에서 필요한 각종 계기와 기계, 문서 등을 판독할 수 있는지 살피는 비행 적성 검사와, 모의 비행 검사 등을 본다. 이와 같은 과정을 통해 각 시험 결과와 대학 성적 등을 보아 최종 합격자를 선발한다.

조종장학생이 되면 대학을 졸업한 후 기본 군사훈련을 받은 뒤 바로 공군 장교로 임관하여 비행 교육과정을 받게 된다. 의무 복무 기간은 일반 장교는 3년이며, 장학금을 받은 기간이 추가된다. 비행 훈련과정을 받아 조종 장교가 되었을 경우에는 평균 10년(고정익 13년, 회전익 10년)을 공군 장교로서 의무 복무하게 된다.

일부 조건에 따라 만 30세까지 지원이 가능한 경우도 있으며, 항공법 26조에 의한 사업용 조종사 자격증 혹은 자가용 조종사 자격증이 있을 경우 가산점을 받을 수도 있다.

공군 장교로 복무하게 되면 국가에서 공군 장교에게 부여하는 혜택을 동일하게 받을 수 있다. 또한 복무 시 비행 수당이나 기타 수당이 지급되며 장기 복무할 경우 국가에서 제공하는 다양한 관련 교육 혜택도 받을 수 있다. 또한 복무 중에 사업용 조종사 자격증도 취득할 수 있으며 전역 후 민간 항공사나 여러 관련 항공업체에 취업 추천을 받을 수 있다.

※ 체력검사는 팔굽혀펴기 17회 이상(30초)/윗몸일으키기 15회 이상(30초)/1,500m달리기 7분 44초 이내의 요건을 충족시켜야 한다.

〈공군 공중근무자 신체검사 기준 일부〉

항목	기준
신장(cm)	162.5 ~ 195
앉은키(cm)	86.5 ~ 101.5
체중(kg)	47 ~ 107
굴절	+2.25 ~ -1.50D
원거리 시력	나안시력 0.5 이상 교정시력 1.0 이상
근거리 시력	나안시력 1.0 이상
색각	검사지 14개 항목 중 10개 이상 판독(표준 색시력 검사)

※ 사시나 기준치 이상의 사위, 야맹증 등 시각적인 질환이 있는 경우 불합격.
※ 더욱 자세한 내용은 공군 교범 중「공중근무자 신체검사」기준표를 참조할 것.

군의장학생

의과대학 재학생 중 우수한 인력을 뽑아 장학금을 수여하고, 졸업 후 공군 군의 장교로 근무할 수 있도록 하는 제도이다. 대상은 의과대학 의예과 1, 2학년과 의학과 1학년 재학생 중 일정 기준 이상 성적을 받은 이들에 한한다.

매년 공지되는 군의장학생 모집 요강을 보고 양식에 따라 신청하면 주어진 요건에 맞춰 장학생을 선발한다. 군의장학생 역시 공군을 뽑은 제도이기에 기본적인 신체검사 기준이 있으며, 이 기준에 적합해야 지원할 수 있다.

군의장학생으로 뽑히면 졸업할 때까지 소정의 장학금을 받을 수 있는데, 이때 대학에서 지급하는 장학금과 중복하여 받을 수 있다. 또한 내부 심의를 거쳐 군 전공의 과정을 수련할 수 있으며 학생이 원할 경우 일정 교육을 받은 뒤 비행 군의관으로 업무를 전환할 수 있다.

굴절률과 디옵터

굴절률은 빛이 물체를 통과할 때 꺾이는 정도를 나타내는 수치이다. 우리가 사물을 볼 수 있는 것은 사물에서 반사된 빛이 우리 눈으로 들어오기 때문이다. 즉 빛이 잘 반사되어 우리 눈으로 들어오면 물체가 잘 보이지만, 그렇지 않으면 물체가 잘 보이지 않는다. 그리고 이때 빛이 잘못 꺾여 물체가 정확하게 보이지 않는 양과 내용에 따라 근시나 원시, 난시 등을 구분한다. 이때 빛이 잘못 꺾이는 정도를 측정하는 수치가 바로 굴절률이다.

안경은 이와 같은 점에 착안하여 잘못 꺾인 빛들이 우리 눈에 더욱 잘 들어오도록 각도와 초점 등을 맞춰 주는 역할을 하는데 이때 조율된 도수를 측정하는 단위가 바로 디옵터(Diopter)이다. 볼록 렌즈를 착용하는 경우엔 플러스(+)로 표기되며, 오목 렌즈를 착용하는 경우에는 마이너스(-)로 표기된다.

04 기타 과정

학사사관후보생

학군사관후보생(ROTC)과 학사사관후보생은 비슷한 이름 때문에 얼핏 같은 명칭으로 생각하기 쉽지만 실제로는 그렇지 않다. 학군사관후보생은 대학 3학년 학생들을 대상으로 2년간 대학 생활과 함께 군사교육을 받을 수 있도록 하여 우수한 장교 인력을 키우려는 제도이다.

반면 학사사관후보생은 대학 4학년 과정을 수료하여 학사 학위를 받은 사람을 대상으로 12주간 장교 훈련을 받게 하여 장교로서 복무하게 하는 제도이다. 때문에 훈련을 받는 기간과 내용 등에서 다소 차이가 있다.

연 2회 인원을 모집하며, 대한민국 국적이 있는 만 20세부터 만 27세까지의 남녀로 4년제 대학 졸업자나 이와 동등한 학력을 소지한 경우 공군 학사사관후보생에 지원할 수 있다. 그러나 5급 공개경쟁채용시험 합격자 및 박사학위 과정 수료자나 공인회계사 실무 수습 후 공인회계사로 등록한 자 등 일부 조건에 따라 최대 만 30세까지 지원 가능하기도 하다.

학사사관후보생 모집 공고가 나면 양식에 맞춰 지원서를 접수한 뒤 총 3번에 걸쳐

진행되는 선발 과정을 거친다. 종류는 일반전형과 특별전형이 있으며, 특별전형은 공군사관학교 교관이나 항공과학고등학교 교관, 어학 우수자 등 일부 조건을 충족하는 이들이 지원할 수 있다.

일반전형과 특별전형 지원자 모두 1차 필기시험을 보게 된다. 시험장은 서울, 수원, 청주, 광주, 대구, 원주, 부산 등 전국 각지에 있으므로 지원자가 원하는 시험장을 고르면 된다.

필기시험은 국사와 인지능력평가 및 성격검사 등을 본다. 이때 영어는 조종장학생 선발과 마찬가지로 공인 영어성적(토익, 텝스, 토플)으로 대체된다. 1차 시험에 합격하면 면접과 신체검사를 치르게 된다. 이 두 과정은 앞에서 소개된 타 항목의 신체검사와 비슷하다. 그러나 분야에 따라 세부 내용이 달라질 수 있으므로 학사사관후보생을 지원하려는 이가 있다면 공군에서 보다 자세한 신체검사 기준을 살펴보는 것이 좋다.

신체검사와 면접에서도 합격하면 정밀 신체검사와 체력검사, 인성검사를 실시한다. 정밀 신체검사는 혈액검사, 소변검사, 엑스레이 촬영 등 13개 항목을 검사하며, 체력검정시험은 남자는

1,500m, 여자는 1,200m 달리기를 통해 기록을 산출하여 합격 여부를 판단한다.

또한 학사사관후보생을 모집할 때 조종 장교도 함께 선발한다. 다만 남성과 여성이 모두 지원할 수 있는 학사사관후보생과는 달리, 조종 장교의 경우 남자만 지원할 수 있다. 자격은 일반 학사사관후보생 지원 자격과 동일하며, 필기시험 역시 동일하다. 그러나 체력검사나 정밀 신체검사 등에서 기준치가 조금씩 다르며, 이후 조종 적성검사를 추가로 실시한다는 차이가 있다.

조종 장교로 선발되면 공통된 비행 훈련 과정을 받게 되며, 이를 잘 마쳐 비행 자격을 얻으면 정식 조종 장교로서 공군에서 복무하게 된다. 의무 복무 기간은 일반 장교는 3년, 비행 훈련을 마치고 비행 자격을 얻은 경우에는 10년이다.

※남자 1,500m 달리기는 7분 44초 이내, 여자 1,200m 달리기는 8분 15초 이내의 요건을 충족시켜야 한다.

부사관후보생

부사관은 하사/중사/상사/원사 등의 계급을 통틀어 이르는 말이다. 장교와 병사 사이에 있는 중간 간부로서 위로는 지휘관을 보필하며, 아래로는 일반 병사들과 후배 부사관들을 관리하는 임무를 한다. 또한 분대나 소대 등의 집단을 지휘하거나 보급이나 정비 등 특별한 기술이 필요한 분야에서 전문적으로 업무를 수행하게 된다.

앞에서 소개한 공군이 되는 방법 중 항공과학고등학교를 제외한 나머지는 모두 공군 장교로서 복무하는 방법이었다. 그러나 공군이 되는 방법에는 장교뿐 아니라 부사관으로서 원하는 직무에 종사하는 길도 있다.

공군 부사관은 대한민국 국적이 있는 만 18세~27세까지의 남녀로 고등학교 졸업자 및 이와 동등한 학력이 있을 경우 지원 가능하다. 그러나 예비역의 경우 현역으로 복무한 기간에 따라 지원 가능한 나이가 최대 30세까지 연장되기도 한다. 또한 중학교 졸업자라고 해도 공군에서 요하는 자격증을 소지했을 경우 지원할 수 있다.

기본적인 신체 기준은 뒤에서 소개되고 있으며, 그 밖에 장병신체검사 기준 3등급 이상이어야 한다. 신체 등급 기준표는 신장에 따른 체중을 비교하여 등급을 매긴 것으로 남자와 여자의 기준치가 다르다. 공군 부사관 모집 안내문에 성별과 등급별 기준이 상세하게 안내되고 있다.

종류는 일반전형과 특별전형이 있으며, 특별전형은 공군에서 요하는 자격증 보유자나 각 특기별 요구 분야에 따라 구분된다. 일반전형의 경우에도 직종에 따라 요하는 전공 학과나 자격증 등이 있으니 공군 부사관에 지원하려는 이가 있다면 보다 상세한 안내를 살펴보도록 하자.

전형은 다른 분야와 마찬가지로 총 3단계를 거쳐 진행된다. 먼저 공군에서 부사관 모집 일정이 공고되면 요구하는 양식에 맞춰 지원서를 작성한다. 이때 각 특기별로 담당하는 업무 내용을 살펴 본인이 희망하는 특기 분야에 지원할 수 있다.

공군의 특기로는 항공통제, 방공포병, 기상, 정보통신, 항공무기정비, 보급수송, 시설, 재정, 총무, 군악, 정보, 헌병, 항공의무 등 여러 가지가 있다. 해당 특기의 구체적인 업무 내용이나 상세한 모집 내용은 공군 부사관 요강에 소개되고 있으니 관심이 있다면 찾아보도록 하자.

지원서를 작성한 후에는 지정된 시험장에서 1차 필기시험을 보게 된다. 필기시험은 영어와 국사 및 인지능력평가와 성격평가 등을 본다. 영어와 국사 시험은 객관식 4지 선다형이며 고등학교 졸업자 수준의 내용에서 대부분 문제를 출제한다. 그러나 국사 시험 중 2문항은 공군에서 제시하는 핵심가치 내용에서 출제된다.

필기시험에 합격하면 2차로 신체검사와 면접을 보게 되며, 이때 신체검사는 공군 신체검사 규정에 따라 합격 여부를 결정한다. 면접을 볼 때는 공군 현역 장교와 준사관, 주임원사 등이 직접 면접을 보며, 전체적인 국가관과 품성 표현력 등을 보아 공군 부사관에 적합한 인재인지 판단한다.

2차 시험에 합격하면 공군에 입영하여 평균 5일 동안 이루어지는 입영 전형을 통해 최종 합격자를 선발한다. 입영 전형에서는 다른 전형과 마찬가지로 오래달리기, 윗몸일으키기, 팔굽혀펴기 등의 체력검사를 비롯하여 혈액검사나 소변검사 등 정밀 신체검사, 인성검사 등을 본다.

이때 국가공인 기술사나 기능장 자격증을 보유한 이들은 필기시험이 면제되며, 그 외 공군에서 요하는 특기와 직종에 따라 필요한 자격증이나 면허 등을 보유한 이들은 필기시험을 면제받거나 일부 가산점을 얻을 수 있다. 이에 대해 좀 더 자세한 정보가 필요하다면 공군 부사관 모집 요강 중 우대 선발 기준에 상세한 내용이 소개되어 있으니 살펴보도록 하자.

이와 같은 과정을 통해 공군 부사관이 되면 기본 군사훈련과 교육을 받은 뒤 공군 하사로 임관하여 복무하게 된다. 이때 본인이 선택한 특기 내용과 교육 기간 동안 받은 성적에 따라 배속지가 분류되는 편이다. 또한 공군 부사관 신분으로 국가에서 제공하는 각종 혜택을 모두 받을 수 있으며, 복무 중 관련 분야 자격증을 취득할 수 있다. 학사 학위 이상 취득한 자에 한해 복무 중 장교 지원도 가능하다.

2015년부터는 영진전문대학교에서 학군부사관후보생 과정을 통해 부사관이 될 수있다. 전문대학 재학생이 3개학기간 부사관학군단(RNTC)에서 군사교육 및 군사훈련을 거치고 졸업 후 부사관으로 임관하는 제도이다.

현역으로 복무하고 있는 병사일 경우 일병 이상, 5개월 이상 복무한 자로서 소속 부대장의 추천을 받았을 경우 가능하다. 공군이 아닌 타군일 경우엔 참모총장의 추천을 받아야 공군 부사관에 지원할 수 있다.

또한 부대 추천 등급이 A등급일 경우 필기시험에서 선발 가능한 성적권 내에 들어간 전원이 선발된다. 그러나 B등급은 필기시험 선발 성적권 50% 안에 들어야 하며, C등급은 선발에서 제외된다.

※ 매년 개정되는 공군 부사관 모집 요강에 따라 일부 항목과 기준이 달라질 수 있다.

〈신체검사 기준 일부〉

항목	남자	여자	비고
신장(cm)	159 ~ 195	155 ~ 183	
체중(kg)	46 ~ 119	40 ~ 87	신장별 표준체중 적용
시력	- 우세안 0.7 이상, 비우세안 0.5 이상 - 근시: 0 ~ -8.75D - 원시: 0 ~ +3.75D - 난시: 수직/수평 굴절률 차이 4.0D 이내		- 교정시력 기준 - 시력 교정수술을 받았을 경우 3개월 이후 입대 가능
색각	14개 검사지에서 10개 이상 식별 가능		

〈공군의 지원 분야별 내용 비교〉

계급	내용	모집 횟수	의무복무기간	모집 성별
장교	공군사관학교	연 1회	일반장교: 10년 조종장교: 15년	남 / 녀
	학군사관후보생(ROTC)	연 1회	일반장교: 3년 조종장교: 10년	남 / 녀
	학사사관후보생	연 2회	일반장교: 3년	남 / 녀
	조종장학생	연 1회	일반장교: 3년 + 장학금 수혜기간 조종장교: 13년	남자
	예비장교후보생	연 1회	3년	남 / 녀
부사관	공군항공과학고등학교	연 1회	7년	남 / 녀
	부사관후보생	연 3회	남자: 4년 여자: 3년	남 / 녀

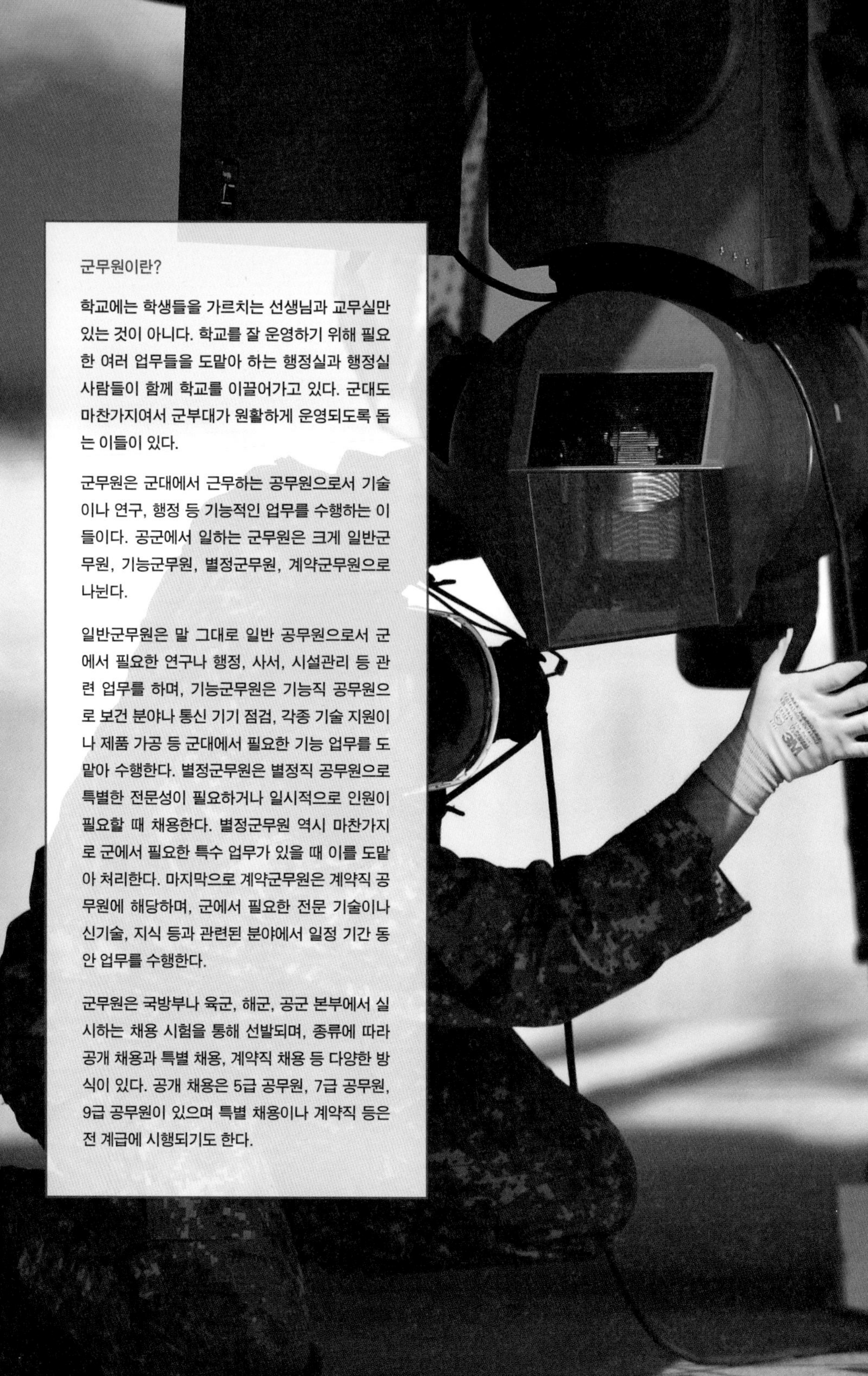

군무원이란?

학교에는 학생들을 가르치는 선생님과 교무실만 있는 것이 아니다. 학교를 잘 운영하기 위해 필요한 여러 업무들을 도맡아 하는 행정실과 행정실 사람들이 함께 학교를 이끌어가고 있다. 군대도 마찬가지여서 군부대가 원활하게 운영되도록 돕는 이들이 있다.

군무원은 군대에서 근무하는 공무원으로서 기술이나 연구, 행정 등 기능적인 업무를 수행하는 이들이다. 공군에서 일하는 군무원은 크게 일반군무원, 기능군무원, 별정군무원, 계약군무원으로 나뉜다.

일반군무원은 말 그대로 일반 공무원으로서 군에서 필요한 연구나 행정, 사서, 시설관리 등 관련 업무를 하며, 기능군무원은 기능직 공무원으로 보건 분야나 통신 기기 점검, 각종 기술 지원이나 제품 가공 등 군대에서 필요한 기능 업무를 도맡아 수행한다. 별정군무원은 별정직 공무원으로 특별한 전문성이 필요하거나 일시적으로 인원이 필요할 때 채용한다. 별정군무원 역시 마찬가지로 군에서 필요한 특수 업무가 있을 때 이를 도맡아 처리한다. 마지막으로 계약군무원은 계약직 공무원에 해당하며, 군에서 필요한 전문 기술이나 신기술, 지식 등과 관련된 분야에서 일정 기간 동안 업무를 수행한다.

군무원은 국방부나 육군, 해군, 공군 본부에서 실시하는 채용 시험을 통해 선발되며, 종류에 따라 공개 채용과 특별 채용, 계약직 채용 등 다양한 방식이 있다. 공개 채용은 5급 공무원, 7급 공무원, 9급 공무원이 있으며 특별 채용이나 계약직 등은 전 계급에 시행되기도 한다.

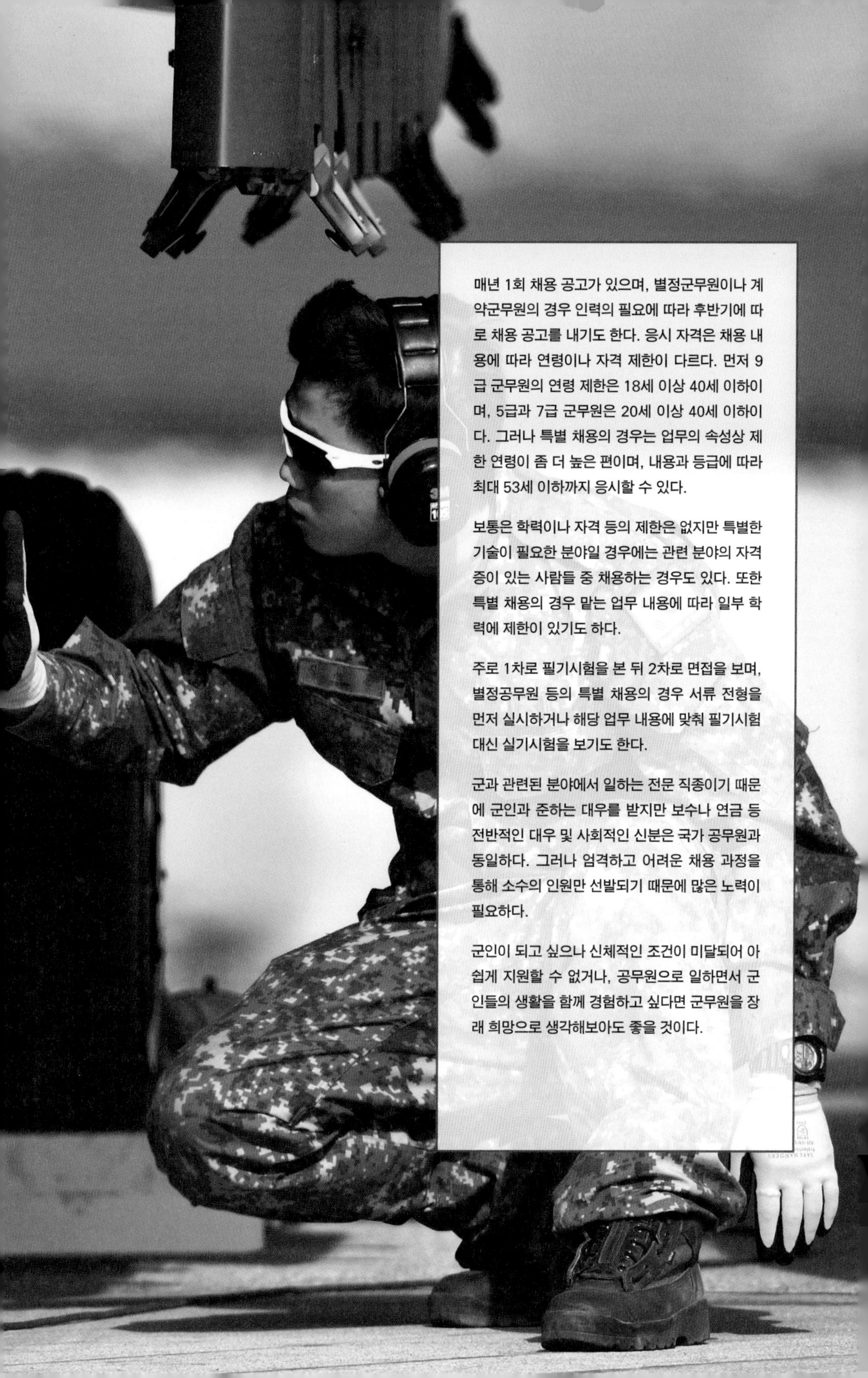

매년 1회 채용 공고가 있으며, 별정군무원이나 계약군무원의 경우 인력의 필요에 따라 후반기에 따로 채용 공고를 내기도 한다. 응시 자격은 채용 내용에 따라 연령이나 자격 제한이 다르다. 먼저 9급 군무원의 연령 제한은 18세 이상 40세 이하이며, 5급과 7급 군무원은 20세 이상 40세 이하이다. 그러나 특별 채용의 경우는 업무의 속성상 제한 연령이 좀 더 높은 편이며, 내용과 등급에 따라 최대 53세 이하까지 응시할 수 있다.

보통은 학력이나 자격 등의 제한은 없지만 특별한 기술이 필요한 분야일 경우에는 관련 분야의 자격증이 있는 사람들 중 채용하는 경우도 있다. 또한 특별 채용의 경우 맡는 업무 내용에 따라 일부 학력에 제한이 있기도 하다.

주로 1차로 필기시험을 본 뒤 2차로 면접을 보며, 별정공무원 등의 특별 채용의 경우 서류 전형을 먼저 실시하거나 해당 업무 내용에 맞춰 필기시험 대신 실기시험을 보기도 한다.

군과 관련된 분야에서 일하는 전문 직종이기 때문에 군인과 준하는 대우를 받지만 보수나 연금 등 전반적인 대우 및 사회적인 신분은 국가 공무원과 동일하다. 그러나 엄격하고 어려운 채용 과정을 통해 소수의 인원만 선발되기 때문에 많은 노력이 필요하다.

군인이 되고 싶으나 신체적인 조건이 미달되어 아쉽게 지원할 수 없거나, 공무원으로 일하면서 군인들의 생활을 함께 경험하고 싶다면 군무원을 장래 희망으로 생각해보아도 좋을 것이다.

공군 조종사가 되려면?

공군 조종사는 일반 항공기 조종사와는 달리 전투기를 포함한 군용 항공기를 조종해야 하며, 군인의 신분으로 전투 기술을 익혀 우리 영공을 안전하게 지켜야 한다. 항공기를 몰아야 하는 기술적인 부분과 군인으로서 수행해야 하는 업무 두 가지 분야에 모두 능숙해야 하기에 공군 조종사가 되려면 남들보다 더 많은 교육과 훈련을 받아야 한다.

또한 군에서도 실력 있는 조종사 한 명을 키우는 데 많은 시간과 비용이 들어갈 수밖에 없다. 때문에 공군에서는 가급적 많은 곳에서 조종사를 뽑아 국가 안보에 기여하도록 다방면에 많은 기회를 제공하고 있다.

1. 공군사관학교 ▶ 비행 교육

공군 조종사가 되려면 먼저 공군사관학교를 나와 비행 교육을 받는 방법이 있다. 공군사관학교에 재학하며 비행 입문 교육을 받은 뒤 후반기에 기본 과정과 고등 과정을 받아 전문 조종사가 될 수 있다.

2. 공군 학군사관후보생(ROTC) ▶ 비행 교육

공군 학군사관후보생이 되어 조종 분야에 지원할 경우 위와 동일한 교육과정을 거쳐 조종 인력으로 선발될 수 있다.

3. 공군 학사사관후보생 ▶ 비행 교육

학사사관후보생이 되어 장교로 복무하게 될 경우 일정 인원을 조종 분야로 선발하는데, 이때 지원하여 비행 훈련을 받으면 조종사가 될 수 있다.

4. 조종장학생 ▶ 비행 교육

조종장학생은 말 그대로 조종 인력을 키우기 위해 만들어진 제도이다. 때문에 조종장학생을 신청할 경우엔 대학을 졸업한 뒤 비행 교육 훈련을 받아 공군 조종사로서 복무하게 된다.

공군 조종사는 모두 공군 장교이기 때문에 기본적으로 장교라는 직위에 걸맞은 교육과정을 거쳐야 한다. 이후 각 분야별로 조종 인력을 선발할 때 지원하면 조종 학생의 신분이 되어 총 2년에 걸친 교육을 통해 공군 조종사로 거듭나게 된다.

그러나 비행 훈련은 업무의 특성상 매우 엄격하고 까다로운 교육이 진행되며, 이를 수행하는 과정에서 목표치를 채우지 못했거나 훈련사의 적성과 맞지 않아서 도중에 탈락하는 경우도 많다. 또한 비행 훈련을 잘 마친다 해도 작전 수행 및 실제 상황에 투입될 수 있도록 추가적인 훈련들을 받아야 하기에 매우 오랜 시간이 소요된다.

때문에 공군 조종사가 되고 싶다면 섣불리 결정하기보다는 이처럼 많은 시간과 노력이 필요하다는 것을 알고 신중하게 생각한 뒤 진로를 결정하는 것이 좋다.

특수임무

05 공군 병사

일반 병사

공군에 병사로서 입대하고 싶다면 먼저 병무청 홈페이지에서 입대 신청을 해야 한다. 신청 후에는 성적증명서, 생활기록부 등 공군에서 요구하는 각종 서류들을 보낸다. 이때 공군에서 요하는 자격증이 있다면 함께 보내는 것이 합격에 유리하다. 이후 신청자의 신체 조건이 공군에서 요구하는 조건에 적합한지 알아보기 위해 신체검사를 받게 되는데, 이때 최소 3등급 이상을 받아야 공군에 입대할 수 있다.

서류를 모두 내고 신체검사를 받은 뒤에는 간단한 면접을 보게 된다. 지원자가 어떤 사람이며, 공군에 지원하는 이유는 무엇인지, 가족관계를 비롯하여 자란 환경 등이 어떠한지를 간단히 살펴본다. 이러한 심사를 모두 통과하면 공군에 입대할 수

있는 자격을 얻는다.

이렇게 선발된 이들은 공군교육사령부에서 실시하는 기본 군사훈련단에 들어가 기초 훈련을 받는다. 이때 1주일 동안 보다 정밀한 신체검사나 인성검사 등 최종 검사를 실시하여 부적격자를 한 번 더 판단한다. 이 기간을 거치고 나면 정식 군인 신분이 되어 공군 병사가 되기 위한 훈련을 받는다.

앞서 소개한 대로 공군에는 각 군인들이 업무에 종사할 때 주로 도맡아 처리하게 되는 분야인 특기가 있다. 보통은 특정 분야를 제외하면 입대 후 군의 사정에 따라 주특기를 배정받는 경우가 많다. 그러나 공군은 이와 달리 지원자가 사전에 희망하는 특기를 신청하여 원하는 분야에서 복무할 수 있도록 운영되고 있다. 물론 지원을 한다고 해서 모두 해당 특기에 복무할 수 있는 것은 아니며, 사전에 희망 조사를 한 뒤에 일정한 절차를 거쳐 병사를 배정하게 된다.

이러한 특기는 두 가지 절차를 통해 희망자에게 부여되는데 우선분류와 전산분류로 나누어 볼 수 있다. 우선분류란 병사를 모집할 때부터 해당 특기를 미리 지정하여 모집하는 경우이다.

예를 들면 어학병이나 군악병 등 군 외부에서도 통용되는 전문적인 기술을 갖춘 이들을 선발할 때 쓰인다. 특기별로 미리 희망자를 선발하여 전공 여부나 자격증 등의 심사를 거친 뒤 성적이 우수한 순으로 선발한다. 이와 관련된 내용은 뒷 장에서 좀 더 상세하게 다루고 있다.

전산분류는 주로 군 내부에서 통용되는 기술적인 부분을 선발할 때 사용하며 대부분은 이 과정을 통해 특기를 배정받는다. 장병들을 대상으로 희망하는 특기를 조사한 뒤 경쟁자가 있으면 해당하는 특기에 알맞은 적성이나 전공, 자격증 여부 등에 따라 특기를 배정한다.

일부 특기의 경우는 지원자가 몰려 경쟁을 해야 하기 때문에 까다로운 선발 작업을 거치기도 하며, 반대로 지원자가 적은 특기 분야는 바로 해당 특기를 부여받기도 한다. 때문에 공군에 어떤 특기가 있는지, 본인에게는 어떤 특기가 맞을지 사전에 알아본 뒤 공군에 입대 신청을 하면 보다 원활하게 원하는 임무를 수행할 수 있다.

공군의 특기 분류 절차

1. 훈련 1주차 - 특기 적성검사

모든 특기 분류는 훈련 기간 안에 이루어진다. 먼저 훈련 1주차에 지원자가 해당 특기에 얼마나 적합한지 알아보기 위해 특기 적성검사를 실시한다. 각 업무별 성격에 따라 기계, 서기, 기사, 전기 등의 4가지 요소로 크게 구분하여 해당 병사가 어느 분야에 가장 재능이 있는지를 사전에 파악한다.

2. 훈련 2주차 - 특기 소개

각 훈련병들에게 공군에서 부여하는 특기들을 소개하는 과정이다. 공군에는 어떤 특기가 있으며, 어떤 일들을 하게 되는지 등 개략적인 설명부터 특정한 자격증이나 전공이 필요한 특기 소개나, 앞서 실시한 적성검사에 따라 해당 분야에는 어떤 적성의 사람이 어울리는지 등을 알려준다. 훈련생들은 이 과정을 통해 본인에게 어울리거나 혹은 지원하고 싶은 특기에 대해 생각해보게 된다.

3. 훈련 3주차 - 특기 희망조사

훈련생들에게 희망하는 특기를 작성하여 제출하게 한다. 이때 군사 정책에 따라 올해는 각 특기별로 몇 명을 뽑을 예정인지, 그 밖에 다양한 정보들을 추가로 제공한다. 훈련생들은 주어진 정보를 보고 1지망부터 3지망까지 본인이 희망하는 특기를 적어서 제출한다.

4. 훈련 4주차 - 공개 전산 특기 분류

훈련생들이 제출한 희망 특기와 초기에 시행한 적성검사, 훈련생의 전공, 자격증 여부 등을 모두 종합하여 훈련생에게 알맞은 특기를 배정한다. 훈련생의 수가 많고, 배정할 특기나 인원 세부 사항들에 대한 정보도 방대하기 때문에 이때는 공군에서 사용하는 전산 분류 프로그램을 통해 특기를 배정한다. 이때 부정 분류를 미연에 방지하고자 해당 공군 기수 전원이 지켜보는 앞에서 공개적으로 분류한다.

※ 이 경우는 일반 병사 특기 분류 기준에 따른 것이며, 학사사관후보생이나 부사관 등은 특기 분류 기준에서 임관 서열이나 기타 요건이 추가되기도 한다.

전문특기병

국방부에서 입대 전부터 병역 의무자의 전공과 적성을 살려 각 군의 특정한 병과에 미리 지원할 수 있도록 운영하는 제도이다. 보통 육군, 해군, 공군이 동일하게 모집하는 전문 병사는 군악병이나 어학병, 의장병 등이 있으며, 그 밖에 각 군별로 분야를 나누어 모집한다.

공군에서도 마찬가지로 전문특기병 제도가 실시되고 있다. 기존에는 전문화관리병이라는 제도로 자격형, 경력형, 학력형 세 종류로 모집했었으나 2017년 9월 입영자부터 폐지하고, 일반 · 기술병과 전문특기병으로 분리했다.

현역병 입영 대상자 중 전문특기병이 되고 싶다면 각 분야에 따라 공군에서 제시하는 자격을 살펴보고 본인에게 해당될 경우 지원할 수 있다.

전문특기병은 1차 서류전형과 2차 면접 및 신체검사를 통해 최종 합격자를 선발한다. 병무청 홈페이지에서 관련 서류를 준비한 뒤 서류전형을 신청하고, 합격자의 경우 면접을 실시한다. 서류전형의 경우 고교생활기록부나 수능 성적, 검정고시 등 기본적인 성적 확인 및 해당 업무에서 요구하는 자격 여부나 경력 및 학력 등을 살핀다. 경력형과 학력형의 경우 해당 업무에 종사한 경력 연차나 해당 업무와 관련된 학과 재학 기간에 따라 가산점이 차등 부과된다.

면접은 핵심가치, 국가관, 태도/예절, 성장환경, 리더십, 표현력에 따라 25점 만점이 기준이며, 총점이 15점 미만이거나 한 항목이라도 0점을 받으면 탈락된다. 군종병이나 어학병 등에 해당되는 특별전형의 경우에는 실기시험을 추가로 실시하기도 한다. 복무 기간은 21개월이며, 사관후보생이나 부사관후보생, 유급지원병에 지원할 경우 가산점을 받을 수 있다.

※ 해당 업무의 세부 내용 및 기준 경력 내용은 군법 및 모집 요강에 따라 변경될 수 있으니 지원 희망자는 매년 자세한 안내를 찾아보는 것이 좋다.

■ 군종병

- 기독교: 세례자로서 기독교 관련 신학과 재학생(2학기 이상 수료) / 졸업생
- 천주교: 세례, 견진 이수자로서 3년 이상 성당 활동 경력자
- 불교: 수계자로서 불교 관련 학과 재학생(1학기 이상 수료), 또는 3년 이상 사찰 활동 경력자

■ 영어어학병

- 다음의 공인 영어 성적 기준이상 보유자(2년 이내 성적만 인정)
- TOEIC 900점, TEPS 766점(뉴 TEPS 430점), TOEFL(PBT(CBT/IBT) 617점(260점/105점), TOEIC SPEAKING 160점, TEPS SPEAKING 66점 이상자

■ 의장

다음의 기준을 모두 만족하는 사람

- 신장: 180cm ~ 190cm
- 체중: 65kg ~ 85kg
- 시력: 교정시력 0.7 이상(안경 착용 후 0.7 이상인자도 지원 가능, 렌즈 착용 불가자는 지원할 수 없음)
- 체력: 팔굽혀펴기 15회이상(1분), 윗몸일으키기 19회 이상(1분), 쪼그려뛰기 10회이상(1분)

* 반팔 셔츠 착용 시 문신이 보이지 않는자

■ 군악

다음 자격 요건 중 어느 한 가지 이상 충족하는 자

- 지정곡(초견악보) 및 자유곡 연주 가능자
- 지원 파트 관련 학과 대학 전공자
- 고등학교(중학교) 관악부 및 동아리(군악대 모집파트) 활동자
- 예술고등학교(음악, 무용, 발레 등) 전공자: 선발시만 지원 자격

공고

- 지원 파트 연주 및 실무 경력 1년 이상자

* 자기 소개서 및 추천서(경력증명서) 제출

■ 군견관리병

- 지원 자격: 애완, 축산 관련 자격 면허 소지자 또는 전공자

■ 정보보호병

- 정보보호, 정보기술 자격증 소지자
- 4년제 대학교 또는 전문 대학에서 정보 보호 및 컴퓨터(전산) 관련 1년 이상 전공자
- 고졸자 중 정보 보호 또는 컴퓨터(전산)학과 전공자
- 정보 보호 관련 전공 고졸자
- 국내 외 해킹(방어)대회 입상자(10위 이내)
- 공공, 민간 기관 정보 보호 업무 경력 6월 이상자
- IT 역량 지수(TOPCIT) 정기 평가 300점 이상 획득자
- BoB 센터 '차세대 보안 리더 양성 프로그램' 과정 선발자

■ 특수임무 군사경찰

- 신체 등급 1~2급, 신장 170cm 이상
- 나안 양안 시력 0.8 이상
- 태권도, 검도, 유도, 합기도, 특공 무술, 킥복싱 등 무도 1단 이상자
- 체력: 팔굽혀펴기 40개 이상(2분), 윗몸일으키기 50개 이상(2분), 1.5km 달리기(7분 08초 이내)

* 공군 특수 임무반 전역자 경찰 특공대 응시 자격 부여

■ 이발병

- 자격(면허): 미용사(일반), 이용사(일반), 미용장, 이용장

- ■ 정훈병
  - 자격/면허: 사진기능사, 그래픽 기술자격(GTQ) 1급/2급, 디지털 영상편집 1급/2급
  - 전공: 사진학과, 영상학과, 멀티미디어학과

- ■ 콘텐츠 제작병
  - 전공: 4년제 및 2년제 대학 디자인학과, 연극영화학부, 언론정보학, 미디어학, 문화콘텐츠학과(3학기 이상 이수자)
  - 경력: 디자인 제작 업무 1년 이상 경력자, 영상(방송, 영화 등) 제작 업무 6개월 이상 경력자

- ■ 식별보조병
  - 중국어, CPT 500 / 신 HSK 4급 이상자
  - 일본어, JPT 600 이상자
  - 러이사어, TORFL 1단계 이상자

  * 접수 마감일 기준 2년 이내 성적만 인정

- ■ 전문자격 의무병
  - 자격(면허) : 약사, 간호사, 간호조무사, 응급구조사1 · 2급, 물리치료사, 임상병리사, 방사선사, 치위생사

- ■ 웹디자인병
  - 컴퓨터공학, 멀티미디어, 게임미디어, 시각디자인 관련 분야 1년 이상 전공자
  - 컴퓨터공학, 멀티미디어, 게임미디어, 시각디자인 관련 분야 6개월 이상 실무 경력
  - 자격/면허 소지자: 멀티미디어 콘텐츠 제작 전문가, 게임그래픽 전문가, 컴퓨터그래픽스운용기능사, 시각디자인 산업기사, GTQ 1급, 게임프로그래밍 전문가, 정보처리

산업기사, OCJP, OCWCD, OCBCD, 정보처리기사
- 프로그래밍 관련 경연 대회 수상 경력자
- 전공, 실무경력, 자격면허, 수상 경력 중 1가지 보유 시 지원 가능

■ 비파괴검사병
- 자격증(필수소지): 비파괴검사 기술사, 와전류 비파괴 검사기사, 초음파 비파괴 검사기사/산업기사/기능사, 자기비파괴 검사기사/산업기사/기능사, 침투비파괴 검사기사/산업기사/기능사
- 전공: 금속공학과, 기계공학과, 기계과, 물리학과, 재료공학과

■ 우주기상 분석병
다음의 자격 요건 중 한 가지 이상 충족하는 자
- 전공: 천문우주학과, 우주과학과, 대기과학, 컴퓨터과학, 물리, 수학, 지구과학 교육 전공자
- 경력: 국가기관 주관 데이터 처리 부문 수상 이력자(PHP, JSP 관련 개발 이력자)

■ 기상 슈퍼 컴퓨터 분석 보조병
다음 자격 요건 중 어느 한 가지 이상 충족하는 자
- 전공: 컴퓨터공학, 전산학, 정보통신 관련 학과 전문 학사 이상 학위 소지자
- 4년제 대학은 2년 수료 이상자
- 자격: 리눅스마스터 2급, LPIC-1이상, 정보처리기사 / 산업기사
- 경력: 서버 관리 실무 경력 보유자

■ 소음자료 관리병

다음 자격 요건 중 어느 한 가지 이상 충족하는 자

- 전공: 환경/소음분야 관련 학과 1년 이상 수료자, 고교 관련 전공 졸업자
- 자격: 소음진동기사/산업기사
- 경력: 소음 측정 관련 업체 실무 경력 보유자

■ 운항관리병

다음 자격 요건을 충족하는 자

- 전공: 항공교통학, 항공운항학 관련 학과 재학 중인 자

■ 재무회계병

다음 자격 요건 중 어느 한 가지 이상 충족하는 자

- 전공: 경영, 경제, 무역, 회계, 통계, 관련 학과 재학 이상인 자
- 자격: 공인회계사, 세무사, 재경관리사
- 경력: 회계 관련 업무 경력자

■ 드론전문병

다음 자격 요건 중 어느 한 가지 이상 충족하는 자

- 전공: 드론 관련 학과 1년 이상 재학 중인 자, 고등학교 관련 전공 졸업자
- 자격: 초경량 비행장치 조종 자격증(무인 멀티콥터, 국토부 교통안전공단)
- 수상: 국내외 대회 수상자

유급지원병

유급지원병 제도는 국방의 의무를 다하고자 현역으로 군에 복무한 병사들이 의무 복무 기간을 마친 뒤 일정 기간 동안 추가 인력으로 군에 복무하도록 하는 제도이다. 의무 복무 기간을 마치면 일반 병사라도 해당 분야에 능숙한 실력과 기술을 갖추게 된다. 하지만 그 업무를 맡고 있는 병사가 군을 떠나게 됐을 경우 새로운 인력으로 대체해야 하는데, 그것보다는 기존에 업무를 하던 병사가 계속해서 군에 남아 숙련된 솜씨로 업무를 진행하는 편이 더욱 효율적이다. 때문에 본인이 원할 경우 유급지원병을 신청하면 의무 복무 기간 후 일정 기간 동안 전문 하사로서 군에 복무하며 해당 업무에 계속 종사할 수 있다.

일반 병사라 하더라도 군대라는 집단의 특성상 수행하는 업무가 특수할 수밖에 없다. 또한 기나긴 군 복무 기간 동안 한 업무 분야에 종사하게 되면 자연스레 해당 업무에 대해 전문적인 실력을 갖추게 된다. 때문에 유급지원병 제도는 군의 입장에서는 유능한 인재를 계속 활용할 수 있고, 개인의 입장에서도 익숙한 분야에서 기량을 펼칠 수 있다는 점에서 서로에게 이득이 되는 좋은 제도다.

유급지원병을 신청하는 방법에는 현역 복무 중인 병사가 복무 기간 중 자체적으로 상부에 신청을 하는 방법과, 병무청에서 내린 공고를 통해 지원하는 방식이 있다. 이와 같은 절차를 통해 유급지원병이 되면 이등병에서 병장까지 병사로서 의무 복무 기간을 마친 뒤 하사로서 연장 복무를 하게 된다. 총 복무 기간은 의무 복무 기간을 포함해 3년 정도이다. 보수는 전문 하사와 동일한 조건으로 임용 시부터 연봉 2,300여만 원이며, 별도의 장려수당이 지급된다.

유급지원병 제도는 육군, 공군, 해군에 모두 있으며 다음과 같은 분야에서 지원자를 모집하고 있다.

〈유급지원병 지원 분야 및 자격〉

항목	육군	공군	해군
모집 분야	60개 군사특기 (전차승무원, 무선장비수리 등)	기관기체, 전자	3개 계열 (전탐, 병기, 추기, 보수, 전기)
나이	18세 이상 ~ 28세 이하		
신체 등급	1 ~ 3급		
비고	관련 자격증, 면허증이 있거나 전문계 고등학교에서 전공 학과를 졸업해야 지원 가능	- 각 군에서 지정하는 특성화고 졸업자 대상으로 선발 - 일반 기관 계열의 경우 고졸 이상이면 자격증이나 면허증, 전공에 상관없이 지원 가능 - 선발된 학생은 재학 중 훈련 실습비 지급	

※ 병무청에서 자세한 내용 및 과정과 절차를 확인하는 것이 좋다.

Part Four

Reference

01 전투기 종류

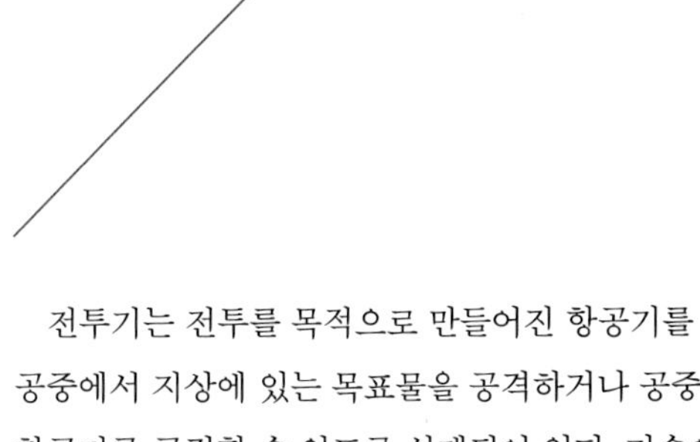

전투기는 전투를 목적으로 만들어진 항공기를 말한다. 공중에서 지상에 있는 목표물을 공격하거나 공중에서 적 항공기를 공격할 수 있도록 설계되어 있다. 기술이 발전할수록 무기들도 계속 새롭게 만들어지므로 전투기의 종류 또한 매우 다양한데, 사용되는 목적에 따라 크게 구분해보면 다음과 같이 나누어 볼 수 있다.

〈제공전투기〉

제공전투기란 공중 전투를 주로 하는 전투기들로 공중에서 유리한 영역을 확보하는 것을 주목적으로 한다. 공중 전투에 최적화되도록 만들어지기에 보통 몸집이 작고 가벼운 편이며,

빠르고 날렵하게 움직일 수 있도록 가속성과 운동성, 상승력이 높은 편이다. 주로 장착되는 무기들은 기관포나 단거리 미사일 등이다. 전체적으로 공격을 잘할 수 있도록 설계되어 있다.

〈요격전투기〉

제공전투기가 공중 공격을 잘할 수 있도록 만들어진 전투기라면, 요격전투기는 우리 영토를 침입하는 적 전투기를 잘 요격하기 위해 만들어졌다. 방공 임무를 담당하기에 방공전투기라고도 한다. 다른 전투기와 마찬가지로 가속성이 있다. 빠르게 치고 빠져야 하는 제공전투기와 달리 방어 작전도 함께 수행하기에 장착되는 장비가 조금씩 다르거나 추가되는 편이다. 예를 들면 눈이나 비가 오거나 밤이라 어두워서 시야를 가늠하기 어려울 때도 적 폭격기를 요격할 수 있도록 설계되어 있다. 때문에 제공전투기보다 좀 더 무거운 편이며, 주로 장착되는 무기들은 대공화기나 미사일 등이다. 작전을 수행하는 위치에 따라 주로 본부에서 방어 임무를 수행하는 요격기를 전략요격기, 특별한 작전 지역을 지정하여 그곳에서 임무를 수행하는 요격기를 전술요격기라고 한다.

〈전투폭격기〉

전투폭격기는 공중과 지상을 모두 공격할 수 있는 전투기이다. 때문에 운동성이 있으며 높은 고도와 낮은 고도에서 모두 빠르게 날 수 있다. 지상공격용 무기와 대공전투용 무기가 함께 탑재돼 있으며, 다른 전투기에 비해 보다 종합적인 목적을 달성할 수 있도록 설계되어 있다.

〈호위전투기〉

폭격기나 수송기 등 군용 항공기들이 임무를 수행할 때 이를 잘 마칠 수 있도록 보호하는 전투기이다. 임무를 잘 달성하고 돌발 상황에 잘 대처할 수 있도록 항속력이 긴 것이 특징이다. 여기에서 보다 적진에 깊숙이 침투하여 맡은 임무를 수행하는 기종을 침투전투기라고 한다.

〈다목적폭격기〉

기술이 발달함에 따라 기체 크기는 줄이면서 다양한 장치들을 탑재할 수 있게 됐다. 때문에 전투기가 크기와 탑재된 장비에 따라 임무를 나누기보다는, 전투기 한 대가 앞서 이야기한 다양한 전투기의 임무를 모두 수행할 수 있는 전투기들이 나타나기 시작했다. 이와 같은 전투기를 다목적전투기라고 한다. 기본적인 전투 능력과 폭격 능력, 지상 공격 능력을 모두 갖추고 있다. 제공전투기나 전투폭격기에 비해 항속 거리는 떨어지는 편이다.

소닉붐

제트기가 엄청난 굉음을 내며 날아가는 것을 본 적이 있을 것이다. 이렇게 제트기가 날아갈 때 발생하는 커다란 소리를 '소닉붐(Sonic boom)'이라고 한다. 소리가 퍼져 나가는 속력을 음속(音速)이라고 하는데, 이 음속을 초월하는 속력을 초음속(supersonic speed, 超音速)이라고 한다. 비행기가 비행 중 음속에 가깝게 비행하거나 음속을 돌파하는 경우, 혹은 음속으로 비행하던 중 속력을 줄이면 이러한 음속에 저항하기 때문에 충격파가 일어난다. 그리고 이 충격파가 지상에 닿게 되면 커다란 충격음이 생기는데 이것이 바로 소닉붐의 정체이다. 소닉붐은 비행기 앞머리에서 발생하여 전달되며 심할 경우 물체에 손상을 일으키기도 한다.

ROKAF
001

02 전투기의 역사

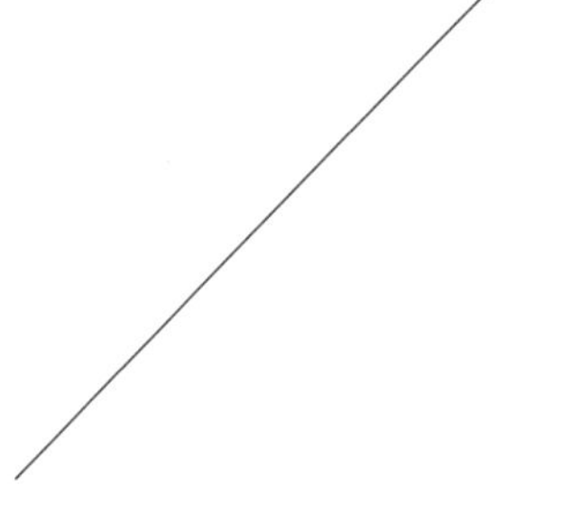

군용 항공기가 개발되고 발전함에 따라 다른 항공기를 공격하거나 지상으로 폭발물을 투하하여 적을 공격하는 전투기들도 함께 발전하기 시작했다. 전투기는 기본적으로 공격의 목적을 갖고 만들기 때문에 다른 군용 항공기보다 몸집이 작고 움직임이 빠르며 유동적으로 움직일 수 있도록 기동력을 갖추고 있다.

이러한 전투기가 본격적으로 전쟁에 사용되기 시작한 것은 1차 세계대전 때부터이다. 이때는 비행기를 만드는 기술 또한 초기 단계였기에 두 개의 날개를 겹쳐서 비행하는 프로펠러 복엽기가 사용됐다.

이때 전투기들은 적진을 정찰하는 용도로 주로 쓰였다.

전투기를 이용해 직접 전투를 벌인다 해도 비행사들이 기관총 등을 싣고 비행을 하다 적기가 나타나면 적기에 대고 직접 기관총을 쏘아 대는 것이 전부였다. 정찰기 한 대가 격추되면 적에 대한 정보를 알 수 없는 것은 물론이요, 금전적으로나 비행 인력에 대한 손실 등이 뒤따르게 된다. 때문에 이러한 사고를 방지하고자 각국은 기술을 계속 발전시켰고, 이후 비행기 날개 위쪽이나 아래쪽 혹은 후미에 기관총을 장착하여 쏠 수 있는 전투기들이 만들어졌다. 그러나 이러한 방식은 비행 상황이나 바람 등 환경에 많은 영향을 받았기에 원하는 목표물에 정확한 사격을 하는 것이 어려웠다. 또한 비행사가 비행을 멈추고 적기를 사격해야 했기에 효율적인 비행도 어려웠다.

1차 세계대전이 끝난 뒤 사람들은 지상과 마찬가지로 공중에서도 유리한 영역을 확보하는 것이 중요하다는 것을 깨달았고, 군용 비행기와 전투기를 더욱 개발하게 된다. 이때 전투기들은 큰 변화를 겪게 된다. 그것은 기존에 두 개의 날개를 위아래로 겹치고 날개에 나무나 천 등을 덧대 만든 복엽기를 사용하던 것에서 날개를 하나로 줄이고 재질을 금속 등으로 바꾼 단엽기가 사용되기 시작한 것이다.

더불어 기존에 사용되던 전투기들의 성능을 향상시키는 작업도 함께 했다. 속도는 시속 600km 이상을 낼 수 있을 정도로 빨라졌고, 장착 무기들도 소형 기관총에서 중대형 기관포, 폭탄 등으로 다양해졌다. 전쟁이 끝날 무렵에는 로켓을 장착할 수 있을 정도였다. 전투폭격기라는 개념이 확립된 것도 이 무렵이다.

또한 목적에 따라 전투기들을 달리 사용하기 시작했다. 사람들은 전투기가 날 수 있는 높이에 따라 용도를 달리하여 개발을 시작했는데 이것이 지금의 종류별 전투기를 구분하는 기초가 되었다. 더불어 레이더가 더욱 정밀해짐에 따라 야간에도 운용할 수 있는 전투기들도 이때 개발됐으며, 주로 두 명이 함께 탈 수 있도록 몸집을 키운 것이 특징이다. 대표적인 예는

▲ 미국 록히드마틴사에서 제작한 P-38H 라이트닝 전투기.

메서슈미트 사의 Bf-110이나 노스럽 사의 P-61 블랙 위도우 등이 있다.

그러나 이 부분은 현대에 들어서며 제트 전투기가 개발되고, 성능이 더욱 강화됨에 따라 점차 구분을 두지 않는 형태로 다시 변화하고 있다.

항공 전투가 보다 본격적으로 시작됨에 따라 전쟁 시 군용 항공기가 구체적으로 무엇을 해야 하는지, 항공전은 어떻게 해야 하는지 등에 대한 전술도 체계적으로 갖추어지기 시작했다.

전쟁이 끝난 뒤에는 제트엔진이 개발됨에 따라 프로펠러로 작동하는 피스톤엔진에서 제트엔진을 장착한 전투기들이 하나둘 나타났다. 한국전쟁에 쓰였던 미국의 F-86 세이버나, 구 소련의 MIG-15 등이 대표적인 초기 제트엔진 전투기이다. 사용되는 무기들 또한 미사일 장착이 보편화되기 시작했다.

또한 지상에서만 이루어졌던 기존 공격 형태에서 공중 공격이 함께 하는 방식으로 바뀜에 따라 우수한 전투기를 많이 보유하는 것이 전쟁의 승패를 좌우하는 요건이 됐다. 때문에 지금까지도 전투기를 개발하고, 그것을 얼마나 보유하고 있느냐가 중요해져서 국방 예산을 책정할 때 많은 부분을 할애하고 있다.

03 제트엔진 전투기의 시대

기존에 피스톤엔진을 이용하던 프로펠러 전투기들에서 터보제트엔진을 이용하는 제트 전투기들이 사용되기 시작함에 따라 군용 항공기 및 전투기들은 새로운 국면을 맞이하게 된다. 제트엔진이 작동하는 원리는 엔진 앞에 달린 터빈에서 공기를 빨아들여 이것을 압축한 뒤 연료를 섞어 폭발시킴으로서 동력을 생산하는 것이다. 때문에 이전에 사용되던 피스톤엔진에 비해 추진력이 강하고 빠른 속력을 낼 수 있었다. 음속 및 초음속 비행이 가능해진 것도 이 무렵부터이다. 이러한 제트엔진 전투기들은 만들어진 시대와 기술력에 따라 크게 세대를 나누어 따로 구분한다.

1세대 전투기

1세대 제트엔진 전투기들은 1945년경에서 1953년경에 만들어진 기종들을 이른다. 최초의 제트 전투기는 2차 대전이 끝나갈 무렵 독일에서 만든 하인켈(He-178, He-280) 시리즈이다. 이후 독일의 메서슈미트 사에서 최초로 실전에 쓰일 수 있는 제트엔진 전투기 Me-262를 만들어냈다. 이후 영국에서 이를 견제하고자 글로스터 미티어를 만들어 동일하게 실전에 사용하기 시작했다.

제트 전투기들끼리 처음으로 공중전을 벌인 것은 한국전쟁 때이다. 미국에서 독일의 기술력을 확보하여 만든 F-86과 구 소련에서 만든 MIG-15가 치열한 승부를 벌였다.

그러나 기존에 사용되던 프로펠러 전투기에 비해 비행 속도가 훨씬 빠르다는 장점이 있었지만 사용되는 장비나 무기 등은 이전과 비슷한 기관포나 기관총이 전부였다. 기관 또한 지나치게 크거나 금방 내구도가 소진되는 등의 어려움도 있었기에 제트 기관을 단일하게 사용하는 기체와, 기존 프로펠러 기관을 함께 사용하는 기체 등이 섞여 사용되기도 했다. 그러나 이러한 난점들은 기술이 발전함에 따라 금세 보완되었다.

마하란?

음속(音速)을 기준으로 물체의 속력을 재는 값을 마하(Mach)라고 한다. 초음속 비행이 도입됨에 따라 정립된 개념으로, 0.5마하는 음속의 절반 정도이며, 1마하는 시속 1,200km(약)에 해당한다. 마하 1값을 넘어서면 뛰어넘을 초(超)를 붙여 초음속, 1보다 작으면 버금갈 아(亞)를 붙여 아음속이라고 부른다.

■ Me-262(슈발베, Schwalbe)

세계 최초로 실용화된 제트 전투기이다. 2차 세계대전이 끝나갈 무렵 독일의 메서슈미트 사에서 만들었으며, 최대 속도는 시속 870km이다.

제트 전투기가 개발되던 초기 단계였기에 속도를 줄일 경우 추진력이 약해져 기관이 자주 고장 나는 등 여러 가지 단점이 있었다. 그러나 당시에는 프로펠러 전투기가 주로 쓰이던 시대라 상대적으로 속도가 빨랐고, 이와 같은 장점으로 우월한 능력을 자랑했다. 이후 다른 국가들에서 제트기를 개발하는 데 많은 영향을 주었다.

Me-262(슈발베)

메서슈미트 슈발베는 독일 공군의 주력 전투기로 빠른 속도를 이용하여 2차세계대전 연합군의 전투기와 폭격기를 격추했다.

▲ 한국전쟁에서 활약한 초창기 제트 전투기 F-86.

■ F-86(세이버, Saver)

미국에서 MIG-15를 견제하기 위해 만든 제트 전투기이다. 최대 속도는 마하 0.95이다.

음속에 가깝게 날 수 있도록 만들어졌으며, 꾸준히 생산되어 1996년까지 쓰였다. 그러나 F-86은 MIG-15보다 회전력이나 강하력은 우수했지만 가속도나 상승률, 최고 고도 등은 부족한 아쉬움이 있다. 한국전쟁 당시에 미국 공군의 주축으로 활약했으며, 이후 자유주의 진영의 여러 국가들에 공급됐다. 전쟁이 끝난 뒤에는 한국 공군에 도입됐다.

MIG-15(미코얀 구레비치)

1960년대 베트남전쟁에 MIG-17이 투입되기 전까지 소련과 공산주의 국가의 주력 전투기였다.

■ MIG-15(미코얀 구레비치, Микоян и Гуревич)

구 소련에서 만든 제트 전투기로 최초로 후퇴익을 사용한 전투기이다. 당시로서는 가장 좋은 전투기였다. 최대 속도는 시속 1,075km이다.

당시 아음속과 초음속 비행에 대한 연구가 계속되면서 후퇴익으로 비행기를 설계하는 것이 효율적이라는 의견에 따라 만들어졌다. 한국전쟁 당시 투입되어 소련의 주력기로 사용됐으며, 이후 2차 중동 전쟁 때 이집트에서 구입하여 사용했다.

2세대 전투기

이후 1세대의 단점을 보완한 2세대 전투기들이 만들어지기 시작했다. 2세대 전투기들은 주로 1954년부터 1960년경에 만들어진 기체들을 이른다. 이 무렵부터 비행기가 날 수 있는 속력이 더욱 빨라져 초음속 비행이 가능해졌다. 그리고 초음속 비행을 견디기 위해 후퇴익, 삼각익, 가변 후퇴익 등 다양한 날개들이 계속 개발됐다. 초음속과 비행기 날개에 대한 설명은 이어지는 별면에서 따로 설명하고 있으니 살펴보도록 하자. 이 둘이 서로 보완하며 발전을 계속한 결과 기량이 뛰어난 비행기들이 많이 등장했다. 또한 높은 고도를 빠르게 비행할 때 생기는 압력을 견디기 위해 비행기 기내의 압력을 높이는 기술인 여압 기술이 더욱 발전했다.

이때부터는 좀 더 발전한 기술을 사용하여 기체에 기관총 대신 미사일을 장착하기 시작했다. 또한 유도 미사일들이 만들어짐에 따라 조종사가 육안으로 확인할 수 없는 영역까지도 정확한 폭격이 가능해졌다. 따라서 이 무렵에 요격기라는 개념이 확립됐다. 대표적인 예는 미국에서 만든 F-104 스타파이터나 영국에서 만든 라이트닝(Lightning)이 있다.

센추리 시리즈

미국 공군에서는 기존에 주로 사용하던 주력기인 F-86을 대체할 차세대 공군기를 개발하기 위해 1950년부터 초음속 전투기를 개발하고 배치하는 사업을 시작했다. 이때부터 1960년까지 개발된 기종들에는 100번대의 번호가 붙었는데 이를 센추리(Century=100) 시리즈라고 한다.

센추리 시리즈의 결과물로는 F-100 슈퍼 세이버(Super Sabre), F-101 부두(Voodoo), F-102 델타 대거(Delta Dagger), F-104 스타파이터(Starfighter), F-105 썬더치프(Thunderchief), F-106 델타 다트(Delta Dart) 등이 있으며 그 외 유사 시리즈들이 있기도 하다. 이 중 F-106 델타 다트는 당시 기술력을 집약한 자동 요격 시스템을 갖춘 고성능 전투기로 평가받는다.

그러나 의욕적인 개발과는 달리 이 시리즈들은 대부분 타 기종에 비해 경쟁력이 떨어지거나 보완해야 될 점이 많아서 생각만큼 많이 쓰이지는 못했다.

▲ 1958년부터 1969년까지 운용되었던 F-104.

■ F-104(스타파이터, Starfighter)

미국 록히드 사에서 만든 초음속 제트 전투기로 센추리 시리즈 중 하나이다. 최대 속도는 마하 2.0이다.

베트남전에 주로 쓰였으며, 전투기를 상대로 하는 공격과 지상 공격이 모두 가능하도록 만들어졌다. 외형이 미사일과 비슷하게 생겨서 유인 미사일이라고도 불렸다.

라이트닝(Lightning)

라이트닝은 트윈엔진 배열, 낮게 장착된 테일플레인 등 독특한 디자인을 갖고 있다.

■ 라이트닝(Lightning)

영국에서 만든 초음속 제트 전투기로 최대 속도는 마하 2.0이다. 1960년대에 영국 공군의 주력기로 사용됐으며, 사우디아라비아와 쿠웨이트에 수출되기도 했다. 동일한 이름으로 2차 세계대전에 쓰였던 프로펠러기(P-38, Lightning)가 있다.

3세대 전투기

1세대와 2세대를 거치며 향상된 기술력을 바탕으로 보다 완성도 있게 만들어진 것이 3세대 전투기다. 3세대 전투기는 1960년에서 1969년 사이에 만들어진 전투기들을 이른다.

그동안 유도 미사일과 레이더 기술력은 더욱 향상됐고, 전자 장비들이 발전함에 따라 전투기의 성능 역시 비약적으로 향상됐다. 2세대 전투기들은 조종사의 육안으로 볼 수 없는 영역까지 레이더를 통해 사격할 수 있었다. 그러나 이런 전투기들은 속도는 빠르지만 각종 장비들 때문에 기동성이나 상승력이 떨어지는 단점이 있었다. 또한 베트남 전쟁 동안 이렇게 미사일로 무장한 전투기들이 기관포로 무장한 전투기들과의 근접전에서 대거 격추됐고, 그로 인해 사람들은 미사일을 과신할 수 없다는 것을 깨달았다. 근접 전투가 중요하다는 것을 인지함으로써 다시 전투기에 기관포들이 장착되기 시작했다. 또한 비행기 기체의 기동성 역시 더욱 신경 쓰게 됐다.

그러나 전투기 한 대를 만드는 데는 여전히 많은 비용이 들었다. 기능이 발전하고 사용 목적에 따라 다양한 전투기들이 만들어지는 것은 좋았으나, 그것은 그만큼 많은 비용이 들어간다는 것을 의미했다. 때문에 이때부터는 한 대의 전투기가 다양한 임무를 수행할 수 있도록 다목적 전투기들을 만들기 시작했다. 대표적인 예가 미국에서 만든 F-4 팬텀이다. 초기에는 원거리에서 미사일을 쏠 수 있는 해군용 전투기로 만들어졌으나 추후 뛰어난 기동성을 인정받아 기관포나 발칸포까지 장착할 수 있도록 개량됐다.

▲ F-4 시리즈 중 하나인 F-4E. F-4E형부터 발칸포를 탑재했다.

■ F-4(팬텀, Phantom)

미국 맥도넬더글러스 사에서 만든 초음속 장거리 제트 전투기이다. 처음에는 기관포 없이 미사일만 사용한 전투기로 베트남전에서 미그(MIG) 킬러로 불리며 뛰어난 기량을 선보였다. 길이는 19.2m, 너비는 11.71m, 높이는 4.98m이며 최대 속도는 마하 2.3이다.

미 해군용으로 만들어졌지만 추후 공군과 해병대까지 널리 쓰이며 다목적 전투기로 사용됐다. 2차 대전 이후 사용된 전투기 중 가장 오래 사용된 전투기이기도 하다. 독일, 일본, 이란, 이스라엘, 이집트 등 여러 국가에서 이 기종을 구매했다.

한국군은 1964년에 베트남전에 파병을 한 대가로 미국에서 이 기종을 무상으로 임대받아 세계에서 4번째로 F-4 기종을 도입했다.

4세대 전투기

4세대 전투기는 1970년부터 1990년까지 만들어진 기종을 대략적으로 이른다. 3세대에서 F-4를 위시한 다목적 전투기가 효율성을 인정받자 4세대부터는 이런 다목적 전투기들을 많이 개발하기 시작했다.

특정한 목적이 있는 전투기더라도 때에 따라 다른 용도로도 사용할 수 있도록 만들어졌으며, 기본적으로 전투기 한 대가 수행할 수 있는 임무의 종류가 늘어난 것이 이 세대의 특징이다. 더불어 요격기의 한계를 깨달음에 따라 근접 격투전에 잘 대응할 수 있도록 민첩함과 기동성을 살린 기종들이 많이 탄생했다.

때마침 항공 공학도 더욱 발전하여 이러한 전투기 개발에 박차를 가했다. 기존에는 비행기의 고도나 수평 상태 등을 조종사의 감과 재량으로 판단해야 했다면 이때부터는 전자 장비의 발달로 장비의 도움을 받을 수 있었다. 이러한 시스템을 플라이 바이 와이어(FBW, fly-by-wire) 시스템이라고 한다. 덕분에 조종사가 해야 하는 자잘한 일들이 줄어들었고, 더욱 효율적으로 업무를 수행할 수 있게 됐다. 4세대 전투기의 대표적인 예는 미국에서 만든 F-14 톰캣, F-15 이글, F-16 파이팅 팰콘과 구 소련의 MIG-29 등이 있다. 이 중 F-15와 16은 비교적 최근까지 우리 공군의 주력 전투기로 사용됐다. 다목적 전투기의 대표적인 예는 프랑스에서 만든 미라주2000이 있다.

■ F-14(톰캣, Tomcat)

미국에서 해군용으로 만든 2인승 초음속 제트 전투기로 러시아 전투기 MIG-23, 25에 대적하기 위해 만들어졌다. 너비 19.55m, 길이 18.9m, 최대 속도는 마하 2.34이다.

가변익을 사용하여 속도와 고도에 따라 날개를 접고 펴 맞춤 비행을 할 수 있었으며, 정밀한 레이더 시스템과 강력한 화력으로 최대 300km 너머에 있는 적기까지 요격할 수 있었다.

F-14(톰캣, Tomcat)

조종사의 이야기를 그린 영화 '탑건'에 등장하여 매력을 뽐내기도 했다. 퇴역하기 전까지 근대에 가장 사랑받았던 전투기이다.

▲ F-15 시리즈 중 하나인 F-15K.

■ F-15(이글, Eagle)

공중전의 중요성이 부각됨에 따라 미국에서 공중 전투용으로 만들어낸 전투기이다. 너비 19.45m, 길이 13.05m, 높이 5.64m, 최대 속도는 마하 2.5이다. 공중전에 특화되어 만들어졌기에 초음속으로 비행하면서도 기동성이 좋아 날렵하게 움직일 수 있다. 이륙 직후 1분 안에 10,000m까지 상승 가능하다.

레이더 기능도 더욱 뛰어나서 기체 아래쪽까지 살펴볼 수 있고 우수한 화력으로 먼 거리에 있는 다수의 적 전투기를 요격할 수 있다. 지금까지 계속 개량해오고 있으며, 현재 가장 성공적으로 운용되고 있는 항공기로 평가받는다. 한국군에서는 차세대 전투기 사업의 일환으로 F-15E를 변형 개량하여 제작한 F-15K(슬램이글, Slam Eagle)을 도입했다. K는 짐작하다시피 Korea의 약자이다.

▲ F-16을 우리 공군의 요구 조건에 맞게 개량한 KF-16.

■ F-16(파이팅 팰콘, Fighting Falcon)

미국에서 만든 초음속 전투기이다. 기존 F-14와 15가 성능은 우수하지만 제작 비용이 꽤 비싼 편이라, 이에 대한 대안으로 가벼우면서도 상대적으로 제작 비용이 저렴한 F-16을 개발하게 됐다. 가벼운 무게로 재빠르게 움직일 수 있도록 만들어졌으며, 최대 속력은 마하 2 이상이다.

타 전투기에 비해 제작비가 저렴하면서 상대적으로 화력이 좋고, 목적에 따라 다양한 부분에 사용될 수 있다는 장점이 있다. 때문에 세계 각국에 수출되어 널리 쓰이고 있으며, 한국 공군에서도 주력기로 사용되고 있다. 4세대 전투기답게 플라이 바이 와이어 시스템이 장착돼 있다.

▲ MIG-29는 북한의 주력 기종으로 핵폭탄 적재 투하가 가능하다.

■ MIG-29(펄크럼, Fulcrum)

러시아에서 만든 쌍발엔진 1인승 초음속 전투기로 최대 속력은 마하 2.3이다. 미군의 F-15와 16를 견제하기 위해 만들어졌으며, 현재 러시아를 대표하는 4세대 전투기이다. 새로 개발된 엔진인 바이패스비 터보팬 엔진을 사용하여 출력을 높였지만 엔진의 수명이 상대적으로 짧은 것이 흠이다.

핵폭탄 투하가 가능하며 기동성이 뛰어나고 가속성과 운동성이 높은 편이다. 그러나 레이더 기능이 F-16보다 떨어져 공격력 면에서 F-16보다 미흡하다는 단점이 있다. 이라크전에서 사용됐으며, 시리아, 이란, 말레이시아 등에 수출됐다. Mig-29의 상위 기종으로 Su-27이 있다.

현대의 전투기

현대의 전투기는 1990년 이후부터 만들어진 4.5세대와 최근 개발되고 있는 5세대 최첨단 전투기를 아우른다. 보다 성능이 좋고 효율적인 전투기들이 만들어지고 있다.

기존에 연구되던 기술들을 집약하여 초음속 비행을 더욱 안정적으로 할 수 있도록 개발됐으며, 스텔스 기능에 대한 연구도 괄목할 만한 성장을 이루었다. 대표적인 예는 보잉 사에서 1970년대에 만들어진 호넷 설계를 개량하여 만든 F/A-18E/F 슈퍼 호넷이 있다.

또한 반도체와 전자 기술이 더욱 발전했으며, 새로운 소재나 엔진을 사용한 비행기들이 개발되고 있다. 따라서 기존에 만든 전투기들은 개량되었고, 5세대 전투기들은 놀라운 성능을 갖추게 됐다.

5세대 전투기들은 계속해서 개발되고 있는데 미국에서 만든 F-22 랩터나 유럽에서 만든 유로파이터 타이푼 등이 있다. 그러나 이들은 막 실전에 배치되고 있거나 개량을 거듭하는 상황이다.

스텔스 전투기에 대한 개발도 계속되고 있는데 미국에서 만든 F-35 라이트닝II 등이 대표적인 예이다. 더불어 기존 전투기 제작을 주도하던 미국과 유럽뿐 아니라 중국이나 일본, 인도 등 아시아계 제작사들도 두각을 나타내기 시작했다. 중국에서 만든 전투기로는 J-XX가 있으며, 일본에서는 ATD-X 등을 제작하고 있다. 우리나라 또한 2007년부터 차세대 전투기사업(KFX)이라는 이름 하에 더 나은 전투기를 개발하고자 프로젝트를 진행하고 있다.

▲ F-22의 공중급유 장면.

■ F-22(랩터, Raptor)

미국에서 만들어진 차세대 제트 전투기이다. 속도나 민첩성, 전투력 등에서 기존 최강의 전투기라고 평가받던 F-15A를 뛰어넘는 기량을 보이고 있다. 최대 속도는 마하 2.0 이상이다.

F-22의 또 다른 특징으로는 스텔스 기능이 있다. 미 공군의 기술력을 집약하여 현존 최강의 스텔스 기능을 선보이고 있다. 또한 초음속으로 순항을 할 수 있는 슈퍼크루즈(Supercruise)도 가능하다. 그 밖에 단거리 이착륙이 가능하며, 인공지능 기술도 도입되는 등 현존하는 전투기 중 최고라는 평가를 받고 있다.

스텔스 전투기란?

스텔스기는 보이지 않는 비행기라 투명할 것이라고 오해하는 이들도 있을 것이다. 그러나 스텔스기는 적군의 레이더에만 포착되지 않을 뿐이다.

이전까지는 육안으로 직접 적진을 탐색하고 그에 따라 공격하는 방식으로 전쟁을 했다. 그러나 기술의 발달로 전자 장비를 통해 보다 먼 곳을 정확하게 감지할 수 있게 되면서 전쟁의 방식이 조금씩 바뀌고 있다. 적군의 경보기나 각종 전자 장비들의 움직임을 미리 파악해 알맞은 대처를 하는 것 등이 그러하다. 때문에 이러한 레이더의 시스템을 피하기 위해 스텔스기가 만들어지게 됐다.

스텔스기의 원리는 레이더나 전자 장비의 면적을 줄임으로써 적군의 레이더에 감지되지 않도록 하는 것이다. 적군에게 탐지되지 않으므로 견제 없이 효율적으로 적진을 탐색할 수 있다는 장점이 있다. 미국에서 만든 F-117 나이트호크나 앞서 설명한 F-22 랩터, B-2 스텔스폭격기 등이 대표적인 예이다.

▲ 현존 전술기 중 상위급의 비행성능을 가지고 있으며, 가속성능과 초음속 기동능력이 뛰어나다.

■ 유로파이터 타이푼(Eurofighter Typhoon)

유럽 4개국(영국, 독일, 이탈리아, 스페인)이 공동 개발하여 만들어낸 차세대 초음속 전투기이다. 최대 시속은 마하 2.0이다.

F-15와 마찬가지로 제공전투기로 만들어졌으나 추후 사용되는 목적에 따라 다양한 임무를 수행하고 있다. 차세대 전투기답게 우수한 스텔스 기능을 선보이고 있으며, F-22와 마찬가지로 슈퍼크루즈가 가능하다.

2005년 벌어진 가상훈련에서 미군의 F-15를 뛰어넘는 기량을 선보이기도 했다. 그 밖에 음성 조작을 비롯하여 다양한 첨단 전자 장비를 갖추고 있으며 유럽을 대표하는 전투기로 손꼽히고 있다. 그러나 초기에 제공전투기로 만들어진 탓에 지상 공격 능력이 미흡한 단점이 있다. 이 부분은 개량을 통해 보완되어 생산하고 있다.

▲ 한국 공군 F-35A 1호기 모습. 2021년까지 총 40대를 도입 할 예정이다.

■ F-35(라이트닝II, LightningII)

미국과 영국에서 공동 개발한 5세대 제트 전투기이다. 각 국가들이 따로따로 전투기 개발을 하기보다는 공동으로 개발하고 구매하는 게 예산을 절약할 수 있다는 판단 아래 만들어졌다. 형태는 F-22와 비슷하며 최대 시속은 마하 2.0 이상이다.

정밀한 레이더를 비롯하여 뛰어난 방어력, 스텔스 기능 등을 기본적으로 갖추고 있다. 또한 다른 차세대 전투기들과 마찬가지로 목적에 따라 다양하게 사용될 수 있다.

부록 : 비행기와 날개

비행기를 분류할 때 기체의 형태나 크기 등도 중요한 기준이 되지만 날개의 모양 또한 큰 구분 기준이 된다.

먼저 초기 비행기를 개발하던 때에는 날개가 사각형(평익)인 비행기들이 많았다. 이들은 공기의 흐름이나 압력에 저항하는 것이 어렵지만 제작비가 저렴하고 제작이 간단한 장점이 있다. 때문에 지금까지도 사용되고 있으며 낮은 고도나 저속 비행을 할 때 종종 쓰인다. 사각형 날개의 대표적인 예는 라이트 형제가 만든 플라이어호를 들 수 있다.

이후에는 날개가 타원형(타원익)인 비행기들이 만들어졌는데, 이들은 구조적으로 매우 안정적인 장점이 있다. 그러나 공기의 흐름이나 압력에 저항하는 것에 한계가 있어 고속 비행이 어려운 단점이 있다. 또한 제작비나 유지비 등도 높은 편이며 일정 무게 이상 짐을 싣기 어려워 전체적인 효율이 떨어지는 편이다. 타원형 날개를 쓰는 비행기의 대표적인 예는 맥도넬더글러스 사의 DC-3이 있다.

타원익의 단점을 보완하고자 만들어진 것이 바로 테이퍼형(taper) 날개이다. 테이퍼익은 날개가 끝으로 갈수록 폭이 좁아지는 형태를 말한다. 타원익에 비해 제작이 수월하며 공기의 흐름이나 압력의 영향도 덜 받기에 속도도 빠르다. 더불어 기동성이나 안정성 면에서도 타원익 비행기보다 우수한 편이다. 때문에 지금까지도 테이퍼익을 쓰는 비행기들은 저속 비행을 하는 민간 항공 등에서 많이 사용되고 있다. 대표적인 예는 미국에서 만든 A-10 선더볼트 등이 있다.

이후 제트엔진의 개발으로 비행기 날개의 모양은 더욱 변형됐다. 제트엔진 덕분에 비행기들은 더욱 빠르게 날 수 있게 됐고, 이는 공기 저항에도 강해졌다는 것을 의미했다. 때문에 이러한 초음속 비행에 잘 견디면서도 공기의 양력을 잘 받도록 날개의 모양이 개량되기 시작했다.

전진익이란 날개가 비행기 머리 쪽을 향하도록 만들어진 날개이다. 특이한 구조 탓에 얼핏 보면 잘못 만들어진 비행기처럼 보이기도 한다. 초음속으로 비행할 때 공기의 저항을 줄이면서도 양력을 잘 받을 수 있도록 한 구조다. 그러나 이러한 날개를 유지하려면 기체가 이를 잘 견뎌줘야 하는데 아쉽게도 이를 뒷받침할 만한 소재가 개발되지 않은 탓에 많이 쓰이지는 않고 있다. 전진익 비행기의 대표적인 예는 러시아의 Su-47이나 미국에서 만든 실험기 X-29가 있다.

전진익과 반대되는 개념으로 후퇴익 비행기도 있다. 후퇴익이란 비행기 날개를 뒤로 젖힘으로써 공기의 흐름과 저항을 줄일 수 있게 한 것이다. 기존의 평익이나 타원익, 테이퍼익의 경우 공기의 압력과 저항을 날개의 길이만큼 그대로 받아야 했는데, 때문에 비행기 날개를 뒤로 젖혀 공기의 저항을 줄여 더욱 빠른 비행이 가능하도록 개량한 것이다.

그러나 이런 후퇴익은 속력을 줄여서 날 경우 양력을 받기 어렵기 때문에 고속 비행만 가능한 단점이 있다. 후퇴익을 단 비행기의 대표적인

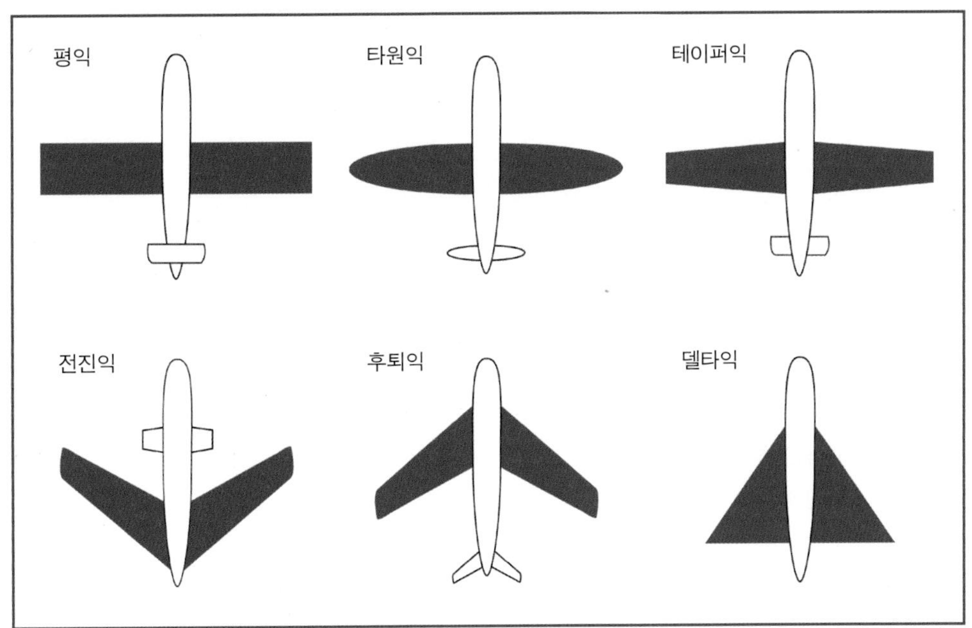

▲ 비행기 날개의 종류

예는 미국에서 만든 F-86 세이버나 구 소련에서 만든 MIG-15가 있다.

가변 후퇴익은 이런 후퇴익의 단점을 보완하고자 만들어졌다. 가변 후퇴익이라는 이름처럼 속력에 따라 날개를 접었다 폈다 할 수 있도록 한 것인데, 속도가 느릴 경우엔 날개를 일자로 펴고 속도가 빠를 경우에는 날개를 접는다. 그러나 이런 가변 후퇴익은 이용이 편리한 것에 비해 제작비가 비싼 단점이 있어서 최근에는 거의 쓰이지 않고 있다. 대표적인 예로는 미국에서 만든 F-14 톰캣이나 B-1 랜서 등이 있다.

기술은 계속 발전했고, 사람들은 후퇴익과 가변 후퇴익의 단점을 더욱 보완하기 시작했다. 이로써 만들어진 것이 델타익(Delta)인데, 삼각형 모양의 날개를 말한다. 초음속 항공기가 받는 공기 저항을 최소화하도록 만들어졌는데, 후퇴 날개와 비행기 몸체 사이까지 날개를 연장하고 앞날개를 추가로 달아 양력을 잘 받도록 설계되어 있다.

또한 후퇴익의 장점을 살려 가속이 뛰어나며, 날개를 더욱 두껍게 하고 강도를 보완하여 날개가 뒤틀리거나 손상되는 것을 막았다. 델타익 비행기의 대표적인 예는 유럽에서 만든 EF-2000이나 미국에서 만든 F-106 델타 다트가 있다.

부록 : 공군과 전투기를 주제로 한 영화

공군이 사용하는 제트기 등 군용 항공기는 우수한 성능과 매력적인 디자인으로 보는 이로 하여금 감탄을 자아내게 한다. 그러나 이러한 항공기들을 실제로 볼 수 있는 기회는 매우 적다. 공군에서 실시하는 에어쇼나 뉴스를 통해 접하는 영상이 고작일 것이다.

공군 항공기나 전투기에 관심이 있는 사람이라면 한번쯤은 날렵한 제트 전투기가 바람을 가르며 하늘을 나는 모습을 가까이에서 관찰하고 싶다는 생각이 들 때가 있을 것이다. 이런 이들을 위해 공군과 전투기의 모습을 접할 수 있는 영화를 몇 가지 소개하려 한다.

공군이 주제인 영화이니만큼 실제 공군에서 사용하는 이름난 항공기들을 볼 수 있을 것이다. CG뿐 아니라 실제 사용되는 기기로 촬영을 하기 때문에, 간접적이나마 그동안 관심이 있었던 항공기가 움직이는 모습을 가까이에서 살펴볼 수 있다. 물론 영화의 특성상 실제와 달리 각색된 부분들이 있을 수도 있지만, 그동안 멀리서나 볼 수 있었던 전투기들이 제 기능을 다하며 기량을 펼치는 모습을 가까이에서 실컷 볼 수 있다는 사실만으로도 만족할 것이다.

1. 탑건

1987년에 미국에서 만들어진 액션 영화이다. 토니 스콧 감독이 만들었으며 톰 크루즈가 출연하여 열연을 펼친 것으로 유명하다. 탑건이라는 제목답게 공군 조종사에 대한 이야기를 하고 있다.

■ 줄거리

젊은 조종사 매버릭 대위는 F-14를 모는 실력 있는 조종사이다. 그의 아버지 역시 전투기 조종사였다. 매버릭은 실력을 더욱 쌓기 위해 탑건 훈련학교에 입학하게 되는데 훈련 도중 엔진 고장이 일어나 동료를 잃는다. 매버릭은 이 사건으로 슬럼프를 겪지만 이후 이어지는 여러 사건을 통해 점차 변화한다.

■ 볼거리

주인공 매버릭 대위가 모는 F-14기가 주로 등장하며 화려한 공중 전투를 벌이는 것이 묘미이다. 그러나 극중에서 적기로 등장하는 MIG기는 몸집이 가볍고 작은 F-5기가 분장한 모습이다. 그 밖에 A-4기 등 다양한 기체가 등장하며, 미 해군의 지원을 받아 만들어졌기에 미 해군의 웅장한 항공모함도 함께 볼 수 있는 재미가 있다.

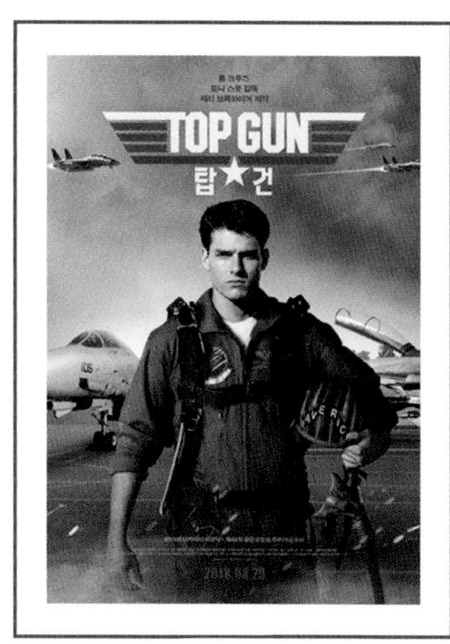

2. 라파예트

2006년에 프랑스와 미국에서 공동 제작한 액션 영화이다. 토니 빌 감독이 만들었으며 제임스 프랭코, 마틴 헨더슨, 데이빗 엘리슨 등이 출연했다. 1차 세계대전 당시 젊은이의 꿈과 모험을 그리고 있다.

■ 줄거리

주인공 롤링스는 카우보이이다. 세계대전이 치열하게 벌어지고 있던 당시, 가업으로 운영하던 목장을 잃은 롤링스는 나름의 목적을 품고 연합군에 지원하여 프랑스로 간다. 그곳에서 그는 출신도 인종도 다른 7명의 친구들을 만나 미국인으로는 최초로 전투비행단 '라파예트'를 만든다.

롤링스와 라파예트 단원들은 전쟁 동안 전투기를 몰며 독일군을 상대로 용기 있는 싸움을 펼친다. 그러나 전쟁은 길어졌고 이들을 상대하는 독일의 전략도 만만치 않았다. 독일군은 연합군을 상대하기 위해 다량의 폭탄을 싣고 파리로 진격한다. 한편으로 롤링스의 연인인 루시엔은 무방비 지대에서 그의 구조를 기다리고 있었다. 롤링스는 독일군에 맞서 싸워야 할 것인가, 사랑하는 연인을 구해야 할 것인가 갈림길에서 고민한다.

■ 볼거리

1차 세계대전 당시 사용된 프로펠러 복엽기들을 감상할 수 있다. 프랑스의 정찰기 Nieuport 17, 독일군의 Fokker Dr. I, 영국의 Bristol Fighter, Sopwith 2F.1, Royal Aircraft Factory 등이 대표적이다. 초기에 개발된 전투기들의 다양한 모습부터 나는 방식, 전투 방법 등 옛 비행기들의 활약을 엿볼 수 있다.

3. 스텔스 2000

2000년에 미국에서 만든 액션 영화이다. 짐 위노스키 감독이 만들었으며 마크 아데어 리오스, 에리카 엘레니악, 어니 허드슨 등이 출연했다. 전투기 조종사 미첼이 스텔스기를 조종하며 정부의 비밀 작전을 수행하는 이야기이다.

■ 줄거리

전투기 조종사 미첼은 유능한 실력으로 각종 작전을 수행하던 중 함께하던 동료를 잃는다. 이후 세월이 흐름에 따라 스텔스기를 조종하는 법을 배워 대령으로 진급하지만 아내의 염려로 보직 변경을 신청하려던 중이었다.

그러나 마침 미국에서 핵잠수함이 실종되고 스텔스기를 탈취당하는 사건이 벌어지자, 정부는 미첼을 불러들여 비밀 작전을 맡긴다. 작전 도중 미첼은 아군이 거의 전멸당하는 위기에 처하는데 이때 죽은 줄로만 알았던 옛 동료가 살아 있었음을 알게 된다.

이 모든 사건은 무기 상인인 메넨데즈의 계획으로 벌어진 일이었는데, 그는 미군에게서 탈취한 스텔스기로 미국에 보복과 위협을 가한다. 미국 대통령은 이에 맞서 메넨데즈를 무찌르고자 폭격 지휘를 내린다. 미첼은 과도한 피해 없이 일을 마무리하고자 빼앗긴 스텔스기를 되찾는 작전을 수행하게 된다.

■ 볼거리

미군의 F-14와 F-18의 활약뿐 아니라 A-6 인트루더의 야간 공습 장면을 엿볼 수 있다. 여기에 등장하는 스텔스기는 F-117 나이트호크로 미군에서 최초로 개발한 스텔스기로 전투기라기보다는 공격기라고 할 수 있다.

4. R2B: 리턴 투 베이스

2012년에 한국에서 만들어진 액션 영화이다. 김동원 감독이 만들었으며 정지훈, 유준상, 신세경이 출연했다. 공군 특수비행팀 블랙이글스의 이야기를 다루고 있다.

■ 줄거리

주인공 태훈은 블랙이글스 단원으로 우수한 비행 실력을 자랑한다. 그러나 그는 금지된 비행 기술인 '제로 노트'에 접근하려다 큰 실수를 하고 만다. 이를 계기로 팀에서 퇴출된 태훈은 21전투비행단으로 전출된다. 이후 그는 비행단에서 만난 팀원들을 통해 상처를 치유하며 새로운 비행단에 적응하게 된다. 그러나 즐거운 시간도 잠시, 북한의 적기가 우리 영공을 침입하는 사건이 일어난다. 치열한 교전 끝에 그들은 대한민국 영공을 지켜냈지만 이는 커다란 음모의 시작일 뿐이었다. 태훈과 21전투비행단은 '리턴 투 베이스'라는 비공식 작전 아래 큰 임무를 수행하게 된다.

■ 볼거리

먼저 차세대 전투기 사업으로 만들어진 한국군의 F-15K 슬램이글이 주로 등장하여 매력을 뽐낸다. 또한 실제 블랙이글스에서 사용하는 T-50 골든이글 의 화려한 비행 솜씨를 충분히 감상할 수 있다. 더불어 FA-50 골든이글이나 MIG-29기도 볼 수 있다.

전투기뿐 아니라 공군용 전투 헬기를 감상하는 묘미도 있다. 공군용으로 개조한 구조 헬기인 UH-60 블랙호크나 공군용 탐색구조 헬기인 HH-47 치누크 등 여러 헬리콥터의 위용을 함께 감상할 수 있다.

그 밖에도 미 공군의 B-2, 해군의 UH-60P나 독도함 등 해군용 기체나 함선 등도 함께 볼 수 있다.

특수임무반
헌병
헌병
헌병

행복한 직업 찾기

나의 직업 군인(공군)

초판 1쇄 인쇄 2014년 9월 1일
개정판 1쇄 인쇄 2020년 7월 5일
개정2판 1쇄 인쇄 2021년 9월 3일

개정2판 2쇄 인쇄 2023년 9월 1일
개정2판 2쇄 발행 2023년 9월 10일

글 | 꿈디자인LAB
펴 낸 곳 | 동천출판
사 진 | 대한민국 공군(공군본부), Pixabay, shutterstock.

등 록 | 2013년 4월 9일 제319-2013-25호
주 소 | 서울특별시 서초구 효령로 60길 15(서초동, 202호)
전화번호 | (02) 588 - 8485
팩 스 | (02) 583 - 8480
전자우편 | dongcheon35@naver.com

값 18,000원
ISBN 979-11-85488-61-5 (44370)
979-11-85488-05-9 (세트)

*잘못 만들어진 책은 구입하신 서점에서 바꿔 드립니다.